TOURO
TOURO
TOURO
TOURO
TOURO
TOURO

BRUXA DE TOURO

♉

Sobre os Autores

Ivo Dominguez, Jr. (Georgetown, DE) tem atuado na comunidade mágica desde 1978. Ele é um dos fundadores do Keepers of the Holly Chalice, o primeiro Coven Assembly of the Sacred Wheel. Atualmente, trabalha como um dos Elders da Assembleia. Ivo é autor de vários livros, incluindo *The Four Elements of the Wise* e *Practical Astrology for Witches and Pagans*. Em sua vida mundana, foi programador de computador, diretor executivo de uma organização sobre AIDS/HIV, dono de uma livraria, entre muitas outras coisas. Visite-o em: www.ivodominguezjr.com.

Sobre os Autores

Thorn Mooney é Bruxa há mais de dezenove anos e Alta Sacerdotisa do Foxfire, um próspero Coven tradicional Wiccaniano no Sul dos Estados Unidos. Ela possui pós-graduação em Estudos Religiosos e Literatura Inglesa, já trabalhou como professora universitária e de escola pública, foi gerente de periódicos acadêmicos e é taróloga, escritora e musicista. Thorn mantém um canal de longa data no YouTube, tem um blog sobre Bruxaria e ocultismo há mais de uma década e é frequentadora regular de festivais Pagãos nos Estados Unidos. Seus livros anteriores incluem *Traditional Wicca: A Seeker's Guide* e *The Witch's Path: Advancing Your Craft at Every Level*. Ela mora em Raleigh, Carolina do Norte.

Desperte a Magia do Seu Signo

BRUXA DE TOURO

Ivo Dominguez Jr.
Thorn Mooney

ARDANE

Publicado originalmente em inglês sob o título
"Taurus Witch: Unlock the Magic of Your Sun Sign"

Published by Llewellyn Publications -
Woodbury, MN, 55125, USA, www.llewellyn.com

Editor responsável: Claudiney Prieto
Coordenação Editorial: Luciana Papale
Capa: Ardane Books
Revisão: Papale's Editorial
Diagramação: Lara Design Editorial
Tradução: Rejeane Melo

DADOS INTERNACIONAIS DE CATALOGAÇÃO NA PUBLICAÇÃO (CIP)
CÂMARA BRASILEIRO DO LIVRO, SP, BRASIL

D671 Dominguez, Ivo Jr.
Bruxa de Touro - Desperte a Magia do Seu Signo / Ivo Dominguez
Thorn Mooney; Tradução de: Rejeane Melo
Editora Ardane | 1ª edição | São Paulo | 2024

Tradução de: TAURUS WITCH- UNLOCK THE MAGIC OF YOUR SUN SIGN
ISBN: 978-65-85370-26-4

1. Wicca. 2. Bruxaria 3. Esoterismo. 4. Magia 5. Astrologia I. Título.

CDD 133.43
CDU 133.4

EDITORA ARDANE
www.ardane.com.br
Fone: (11) 97774-4013
E-mail: contato@ardane.com.br
Instagram: @ardanebooks

TOURO

AVISO

A Editora Ardane e seus escritores não se responsabilizam por eventuais lesões ou danos sofridos pelo leitor que possam decorrer da utilização do conteúdo presente nesta obra. Sugerimos prudência e ponderação ao realizar as práticas apresentadas neste livro. O conteúdo desta leitura não tem como objetivo substituir orientações de profissionais da área médica ou psicológica. Recomendamos aos leitores que procurarem seus especialistas em saúde pessoal para possíveis tratamentos. O uso de ervas, plantas e óleos essenciais deve ser feito com cuidado e uma investigação detalhada acerca de qualquer planta citada neste livro deve ser conduzida pelo leitor antes de manuseá-la. Ao lidar com fogo, siga as medidas de segurança contra incêndios e jamais deixe velas ou outras fontes incandescentes sem supervisão.

SUMÁRIO

FEITIÇOS, RECEITAS E PRÁTICAS

TOURO

INTRODUÇÃO

Ivo Dominguez, Jr.

Este é o segundo livro da série "A Bruxa de Cada Signo", composta por doze volumes que traz um livro para cada signo solar, porém, com foco especial na Bruxaria. Esta série explora e homenageia os dons, as perspectivas e as alegrias de ser uma Bruxa pela ótica do seu signo solar. Cada livro contém informações sobre como o seu signo afeta sua magia e experiências de vida com percepções fornecidas por Bruxas de cada signo, bem como feitiços, rituais e práticas para enriquecer sua Bruxaria. Uma série voltada para ajudar as Bruxas a crescerem, desenvolverem-se e integrarem o poder de seu signo solar em todas as suas práticas. Cada livro conta com a contribuição de dez autores diferentes, oferecendo diversas interpretações sobre o significado de ser uma Bruxa de um determinado signo. Todos os livros da série "A Bruxa de Cada Signo" apresentam amostras de possibilidades, com peças que são intensas, divertidas, práticas, curativas, instrutivas, reveladoras e autênticas.

Boas-vindas à Bruxa de Touro

Meu nome é Ivo Dominguez Jr., e eu sou Bruxo e Astrólogo há mais de quarenta anos. Neste livro, e em toda a série, escrevi os capítulos focados em informações astrológicas e colaborei com os outros escritores. Pelo bem da transparência, sou sagitariano, e a maioria dos outros autores deste livro são de Touro.[1] Os capítulos que focam na experiência vivida por ser uma Bruxa de Touro foram escritos pela minha coautora, Thorn Mooney, que pratica Bruxaria desde a adolescência, é Alta Sacerdotisa de um Coven Gardneriano, tem experiência em diversas Tradições esotéricas, é acadêmica, escritora e ainda toca blues rock na guitarra. Os feitiços e trechos mais breves escritos para este livro vêm de um grupo diversificado de talentosas Bruxas de Touro. Essas práticas proporcionarão uma compreensão mais profunda de si mesma como nativa de Touro e como Bruxa. Com as informações, percepções e métodos oferecidos aqui, sua natureza de Touro e a sua prática de Bruxaria estarão em harmonia. O processo de se tornar plenamente você mesma envolve encontrar, refinar e fundir todas as partes que moldam a sua vida e a sua identidade. Embora isso tudo pareça muito sério, o conteúdo deste livro vai do alegre ao profundo para fazer justiça ao tema. Além disso, este livro traz sugestões

1. As exceções são Dawn Aurora Hunt, que contribui com uma receita para cada signo da série, Sandra Kynes, cujas correspondências estão listadas no apêndice, e Selena Fox, que fornece uma breve biografia da Bruxa de Touro, Marion Weinstein.

práticas sobre como utilizar o poder do seu signo solar para aprimorar o seu ofício como uma Bruxa.

Sabemos que existem diversos livros sobre o signo de Touro, sobre Astrologia e sobre Bruxaria. No entanto, este livro se dedica inteiramente a explorar como ser plenamente uma Bruxa de Touro. Há também uma vasta quantidade de material disponível em blogs, memes e vídeos direcionados ao signo de Touro. Esse conteúdo varia do sério ao sarcástico, e uma boa parte disso é pouco útil ou necessária. Depois de ler este livro, você estará mais bem equipada para discernir quais desses materiais poderá levar a sério e utilizar, e quais são bons para dar boas risadas, mas não muito mais que isso. Há uma boa chance de você voltar a reler alguns capítulos para obter uma compreensão mais aprofundada de alguns pontos abordados.

Este livro destina-se a ser lido mais de uma vez; algumas partes podem até se tornar material de referência, podendo ser utilizado por anos. Considere manter uma pasta digital ou em papel para suas anotações e ideias sobre ser uma Bruxa de Touro.

O Que Você Vai Precisar

Conhecer o seu signo solar é suficiente para entender um pouco deste livro. No entanto, para usar todo o material aqui contido, será necessário conhecer seu mapa astral para conferir seu signo lunar e ascendente. Além da sua data de nascimento, seria útil ter a sua localização e, se possível, a hora exata do nascimento. Se você não souber o horário exato, pode tentar obter uma cópia da sua certidão de nascimento, embora nem todas listem os horários. Se for razoável e se sentir confortável, peça informações aos seus familiares. Eles podem se lembrar de uma hora exata, ou mesmo reduzi-la a um intervalo de horas que será útil, uma boa solução, caso não tenha a hora exata do seu nascimento. Como leva alguns minutos para criar mapas astrais usando um software, o ideal seria executar seus mapas com espaços de trinta minutos ao longo de um intervalo de horas que contém seus possíveis horários de nascimento. Ao ler os capítulos que descrevem as características dos signos lunares e dos signos ascendentes, você pode reduzir a pilha dos mapas possíveis para apenas algumas opções. Leia as descrições e encontre o mapa cuja combinação de signo lunar e ascendente soe verdadeiro para você. Existem técnicas mais refinadas que um astrólogo profissional pode utilizar para interpretar um mapa astral com maior precisão. No entanto, conhecer seu signo solar, lunar e ascendente é tudo que você precisa para este livro. Há inúmeros sites on-line que oferecem mapas astrais básicos gratuitos. Geralmente, por uma pequena taxa, esses sites oferecem opções para mapas mais detalhados.

É aconselhável ter um calendário astrológico de parede ou um planner astrológico diário para acompanhar o signo e a fase da Lua. Você vai querer acompanhar o que seu planeta regente, Vênus, está fazendo. Com o tempo, conforme seu conhecimento cresce, provavelmente você vai começar a observar a posição de todos os planetas, quais seus aspectos atuantes e quando estão retrógrados ou diretos. Tudo isso pode ser feito em um aplicativo ou em um site, mas muitas vezes é mais prático folhear um calendário ou agenda para ver o que está acontecendo. Folhear este livro ao longo das semanas e meses pode fornecer uma melhor compreensão de como se preparar para as próximas influências celestiais. Além disso, os calendários e planners incluem informações básicas sobre astrologia e podem ser um ótimo ponto de partida para iniciar seus estudos nessa área.

Você é Uma Taurina e Muito Mais Que Isso

Cada pessoa é única, complexa e uma mistura de características que podem colidir, complementar, competir ou colaborar umas com as outras. Este livro é direcionado para o seu signo solar em Touro e oferece pontos de partida para compreender seu signo lunar e ascendente. A intenção aqui não é responder a todas as suas perguntas ou alcançar a perfeição, pois há outros fatores que contribuem para a individualidade de cada pessoa. No entanto, você encontrará mais do que o suficiente para enriquecer e aprofundar sua prática de Bruxaria como uma taurina. Haverá também descrições com as quais você pode não concordar ou achar que não a representam. Em alguns casos, isso estará correto, em outros, pode acabar reconhecendo que as informações se aplicam sim a você. A Astrologia pode ser usada para magia,

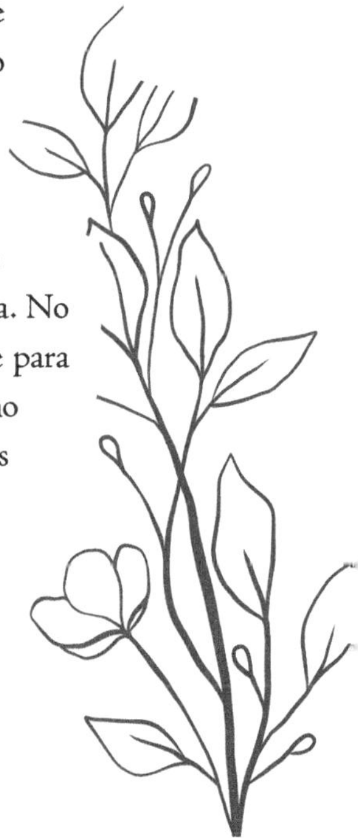

adivinhação, desenvolvimento pessoal e muito mais. Não importa o propósito, sua compreensão da Astrologia mudará ao longo do tempo conforme sua vida se desenrola e sua experiência e autoconhecimento se ampliam. Você provavelmente retornará a este livro várias vezes à medida que for encontrando oportunidades para utilizar mais de suas percepções e métodos. Isso pode parecer um conselho estranho de se encontrar em um livro para uma Bruxa de Touro, mas lembre-se de que você é mais do que apenas uma Bruxa de Touro. No processo de reivindicar a identidade de ser uma Bruxa, é comum querer ter uma clara e firme definição de quem você é. Às vezes, isso significa identificar-se com uma categoria, como Bruxa do Fogo, Bruxa das Ervas, Bruxa dos Cristais, Bruxa da Cozinha, e assim por diante. É útil tomar consciência das afinidades que você tem, desde que não se limite nem se vincule a ser menos do que realmente é. O melhor uso para este livro é descobrir todas as partes de Touro que há em você para que possa integrá-las de maneira eficaz. As melhores Bruxas que conheço têm especialidades bem desenvolvidas, mas também são bastante sintonizadas com seus conhecimentos e práticas.

Avante!

Dito isso, o Sol é o ponto de partida para seu poder e sua jornada como Bruxa. O primeiro capítulo deste livro aborda a profunda influência que seu signo solar exerce sobre você, então, por favor, não pule nenhum conteúdo; comece pelo início. Na sequência, Thorn vai mergulhar na magia e nas práticas que vêm naturalmente para as Bruxas de Touro. Eu servirei como um guia, mostrando os benefícios de escolher horários, lugares e eventos para energizar sua magia com o signo de Touro. Thorn também compartilha conosco algumas histórias pessoais da vida real, incluindo seus altos e baixos, e oferece orientações sobre como utilizar seus recursos mágicos e mundanos, além de conselhos sobre as melhores maneiras de se proteger espiritualmente e estabelecer bons limites quando necessário. Vou apresentar aqui, como o seu signo lunar e seu signo ascendente moldam sua magia. Thorn proporcionará grandes histórias sobre como sua natureza de Touro surge em sua vida como Bruxa e, em seguida, dará sugestões sobre autocuidado e autoconsciência. Um ritual completo também será compartilhado por mim para chamar o espírito do seu signo. Por fim, Thorn oferece sua sabedoria sobre como se tornar uma melhor Bruxa de Touro. Ao longo de todo livro, você encontrará tabelas de correspondências, feitiços, receitas, técnicas e outros tesouros para adicionar às suas práticas.

TOURO
TOURO
TOURO
TOURO
TOURO
TOURO
TOURO

COMO SEU SOL EMPODERA SUA MAGIA

Ivo Dominguez, Jr.

A primeira parte da Astrologia que as pessoas geralmente aprendem é sobre seu signo solar. Muitas abraçam com entusiasmo o significado de seu signo solar e o aplicam a tudo em sua vida. Essas pessoas sentem que seu Sol está brilhando e que tudo está bem no mundo. Então, em algum momento, alguém irá cruzar o caminho delas com um pouco de desdém e esclarecer os limites da Astrologia sobre seu signo solar. É aí que elas vão sentir que seu Sol não é suficiente e vão correr para saber mais. O que vem a seguir é geralmente a descoberta de que elas têm um signo lunar, um signo ascendente e todo o resto dos planetas em uma variedade de signos. Tomar ciência de toda essa informação adicional é assustador, pois requer bastante aprendizado e/ou um astrólogo para guiá-las no processo. Porém, onde quer que esteja nesta jornada pelo mundo da Astrologia, em algum momento você vai voltar e redescobrir que o Sol ainda está no centro.

O Sol em seu mapa astral mostra onde a vida e o espírito surgem no mundo para formar você. Ele é o guardião da centelha de seu espírito e a fonte de seu poder. Seu Sol está em Touro, então esse é o sabor, a cor e o tipo de energia que está em seu núcleo. Você é todo seu mapa astral, mas é o seu Sol em Touro que fornece a força vital que se move em todas as partes da sua vida. Quando trabalha em harmonia e alinhamento com o seu Sol, você tem acesso a mais vida e a capacidade de vivê-la melhor. Isso é verdade para todas as pessoas, mas esse conselho assume um significado especial para aquelas que são Bruxas. A raiz do poder mágico de uma Bruxa é revelada pelo seu signo solar. Você pode se conectar com muitos tipos de energia, mas a energia que vai atrair com maior facilidade é a de Touro. Quanto mais consciência e intenção aplicar para se conectar e agir como um canal para esse Sol em Touro, mais eficaz você será como Bruxa. Quanto mais aprender sobre o significado de um Sol em Touro, mais fácil será de encontrar maneiras de fazer essa conexão.

Para ser eficaz em magia, adivinhação e outras categorias de trabalhos, é vital entender a si mesma – suas motivações, impulsos, atrações, etc. –, para que você possa refinar suas intenções, perguntas e resultados desejados. Entender o seu signo solar é uma etapa importante nesse processo. Um dos objetivos compartilhados tanto pela Bruxaria quanto pela Astrologia é afirmar e integrar a totalidade de sua natureza para viver melhor a sua vida. O glifo para o Sol na Astrologia é um ponto com um círculo ao redor. Seu Sol em Touro é o ponto, e o círculo é seu centro e sua circunferência. Este é o seu

início, a sua jornada, o núcleo da sua Roda do Ano pessoal, as estações da sua vida que se repetem, têm ressonâncias, mas nunca são as mesmas.

Quão Taurina Você É?

O Sol é o centro em torno do qual os planetas giram. Sua gravidade puxa os planetas para mantê-los em seus cursos e curvas de espaço-tempo para criar o lugar que chamamos de nosso "Sistema Solar". O Sol em seu mapa astral puxa todas as outras partes de seu mapa de maneira semelhante. Tudo é ao mesmo tempo vinculado e livre, afetado, mas buscando sua própria direção. Quando as pessoas encontram descriçoes das características de Touro, elas frequentemente começam a fazer uma lista de quais coisas se aplicam a elas e quais não. Algumas irão dizer que são o epítome das características de Touro, outras afirmarão que mal são de Touro, e muitas estarão em algum lugar no meio disso. Avaliar o quanto você se alinha ou não com as características tradicionais de um nativo de Touro não é uma tarefa particularmente útil de abordagem para entender seu signo. Se você é taurina, então tem todas as características do signo de Touro em algum lugar dentro de si mesma. O que varia de pessoa para pessoa é a expressão desses traços. Algumas características se expressam totalmente de uma forma clássica, outras são bloqueadas de expressão, ou modificadas, e às vezes ocorre uma reação que se manifesta como o oposto do esperado. Como taurina, e especialmente como Bruxa, você tem a capacidade de despertar traços adormecidos, moldar traços funcionais e atenuar traços hiperativos.

As características e traços dos signos são tendências, impulsos e afinidades. A gravidade encoraja uma bola a rolar colina abaixo. As folhas de uma planta crescem na direção da luz solar. O calor do fogo aproxima as pessoas em uma noite fria. Um sabor que você aprecia irá seduzi-lo a comer um pouco mais daquela sua comida. Seu Sol em Touro pede que você seja e aja como taurina. Dito isso, você também tem livre-arbítrio e vontade para fazer outras escolhas. Além disso, o restante do seu mapa astral e as influências celestiais em constante mudança também moldam suas opções, humores e impulsos. Quanto mais se tornar consciente das características e comportamentos que acompanham uma pessoa de Touro, mais fácil será escolher como você os expressa. A maioria das pessoas quer ter a liberdade de fazer suas próprias escolhas, mas para uma taurina, isso é duplamente importante.

Como Bruxa, você tem ferramentas adicionais para trabalhar com a energia de Touro. Você pode escolher quando acessar e como moldar as qualidades de Touro conforme elas surgem em sua vida. Pode convocar a energia de Touro, nomear as características que deseja e manifestá-las. E pode também banir, neutralizar ou aterrar o que não precisa mais, além de descobrir onde sua energia de Touro tem curtos-circuitos, onde ela falha e então desbloqueá-la. Você pode examinar seus sentimentos desconfortáveis e seus comportamentos menos do que perfeitos e procurar por lugares obscuros em seu interior, para que possa curá-los ou integrá-los. Touro também é um espírito e uma corrente de consciência coletiva de tamanho vasto – uma mente grupal e um arquétipo. Este signo não se limita à humanidade; ele está envolvido com plantas, animais, minerais e todos os seres físicos e não físicos da Terra e todos os seus reinos associados. Como Bruxa, você pode invocar e trabalhar com a entidade espiritual de Touro e viver sua vida como um ritual. O movimento da sua vida pode ser uma dança ao som e ritmo dos céus.

O Glifo de Touro

O glifo correspondente ao signo de Touro é descrito como uma simples representação da cabeça de um touro, incluindo seus chifres. Essa representação, no entanto, não se limita exclusivamente a um touro, podendo ser o aspecto de uma vaca. Na verdade, pode ser mais apropriado considerá-lo como uma representação de todos os animais com chifres que habitam a exuberância da Terra. Além disso, esse glifo pode ser interpretado como uma batata ou algum tipo de tubérculo com dois brotos começando a brotar. Touro simboliza a manifestação da vida e da abundância. O círculo e o semicírculo que compõem seu glifo podem ser interpretados como representações da Terra com os braços estendidos para cima, atraindo o espírito para energizar o mundo material. Pode também evocar uma cabeça com orelhas erguidas, para ouvir a voz calma do instinto animal. Touro é fundamentado e profundamente conectado com a sabedoria do corpo, do mundo e do espírito que permeia todas as coisas.

Com sua imaginação, é possível enxergar esse glifo como uma representação de todas as formas pelas quais os poderes da criação, do espírito e da interação com o mundo se manifestam.

O círculo representa o mundo, ou uma cabeça coroada com um semicírculo que contém a orientação e a influência do espírito. Além disso, o glifo pode ser interpretado como um funil ou um vórtice, canalizando e diminuindo o poder para sustentar a contínua manifestação do mundo ou da vida. É também comparável à raiz da vida, profundamente plantada no solo escuro, utilizando sua matéria e espírito para enviar brotos em busca da luz, alimentando, assim, a Terra.

Ao meditar sobre esse glifo, uma compreensão mais profunda do que é ser nativa de Touro será desenvolvida. Você também pode criar sua própria gnose pessoal ou sua história sobre o glifo, que se tornará uma chave exclusivamente sua. O glifo para Touro pode ser empregado como um sigilo para invocar ou concentrar seu poder. De forma semelhante, pode ser usado para a inscrição de um Pentagrama de Invocação, no intuito de abrir os portões para os reinos elementais. No entanto, em vez dos reinos elementais, este glifo abre caminho para a mente e o espírito, que é a fonte de Touro. Para fazer esse glifo funcionar, você precisa enraizar profundamente o sentimento ao traçá-lo. Visualmente, é um glifo simples, então memorizá-lo será fácil, mas ter algum tipo de sensação cinestésica com ele é o que verdadeiramente vai torná-lo mágico.

Passe algum tempo rabiscando o glifo no papel. Experimente traçá-lo na palma da mão com o dedo diversas vezes, adicionando múltiplas camadas de sensação e padrões de memória.

Sempre que precisar acessar mais energia mágica, confiança, centralização e assim por diante, escreva o glifo de Touro em sua mente, em sua mão, no ar, ou como puder. Em seguida, puxe, canalize e sinta seu centro se encher com o que você precisa. Assim, pouquíssimo tempo será levado para abrir uma conexão usando o glifo.

Considere tornar essa prática parte de sua rotina ao se preparar para fazer adivinhação, trabalhar feitiços, realizar rituais ou simplesmente começar o dia.

Padrões de Touro

Aqui está uma breve lista de padrões, diretrizes e preferências para ajudar as pessoas com o Sol em Touro a iniciar seus estudos. Se você mantém um Livro das Sombras, um diário ou arquivos digitais para registrar seus pensamentos e percepções sobre seu trabalho mágico, considere criar sua própria lista para expandi-los. O processo de observar, resumir e anotar suas próprias ideias em uma lista é uma ótima maneira de aprender sobre o seu signo.

- Os nativos de Touro têm o poder de estabilizar e solidificar seus desejos de vida em realidade.
- Perseverança e um impulso constante para superar as dificuldades são dons dos nativos de Touro.
- Embora leve tempo para demonstrar, quando a raiva e a frustração excedem seus limites, a explosão de emoções é como um deslizamento de terra em tamanho e intensidade.
- Você é igualmente capaz de ter uma grande força e uma grande ternura.

- Pessoas de Touro sabem aproveitar os prazeres simples da vida, seja desfrutando do travesseiro perfeito, seja saboreando uma mordida em uma refeição deliciosa, seja sentindo a carícia de um amigo peludo.
- Quando um taurino ouve atentamente a história de alguém em necessidade e dor, sua simples presença profunda e silenciosa cura, acalma e valida.
- Um nativo de Touro pode carregar fardos e trabalhar longas horas, mas a menos que esteja convencido de que o trabalho duro é realmente necessário, prefere relaxar e talvez tirar uma boa soneca.
- Quando um taurino fala, ele sabe que está pronto e leva tempo para decidir o que quer dizer. Ter sua fala interrompida por alguém coloca essa pessoa na sua lista negra.
- Um taurino deve sempre estar atento para reduzir ou remover pequenos desconfortos. Um suéter que pinica ou uma etiqueta da camiseta atritando em seu pescoço pode arruinar seu dia mais rápido do que uma agenda lotada.
- Taurinos têm o dom da determinação e da decisão, mas devem estar atentos para não cair na teimosia e na inflexibilidade. Às vezes, alcançar seus objetivos requer flexibilidade ou uma correção de curso.

- Nativos de Touro precisam de lugares aconchegantes com móveis fofinhos e almofadas, plantas e luz suave, ou um esconderijo perfeito sob um lindo céu. Esses lugares recarregam suas baterias.
- Taurinos apreciam profundamente bons alimentos e boas bebidas, pois seus sentidos são afinados para encontrar a beleza no mundo. Eles costumam escolher o melhor possível, pois sabem que merecem.
- Autossuficiência é uma virtude que os taurinos possuem em tão grande estima, que acham difícil permitir que outros ofereçam ajuda para eles ou para suas tarefas em questão. A colaboração também é uma virtude a ser cultivada.
- Pode levar algum tempo para os taurinos se colocarem em movimento em uma tarefa; mas quando começam, seu impulso os mantém ativos. Para os outros, pode às vezes parecer como se os nativos do signo de Touro os tivessem empurrado para fora do caminho ou passado por cima deles. Essa não é a intenção, mas é o resultado, e como a paz também é uma meta, considerem fazer as pazes.
- É provável que os taurinos tenham experiências mais espirituais e transformadoras em atividades aparentemente mundanas, como cozinhar, malhar, praticar jardinagem, crochê e assim por diante. Os nativos de Touro sempre veem o espiritual no material e encontram ou intuem lições em todos os lugares.

- Às vezes eles perdoam facilmente, outras vezes não. A diferença está no quanto certas ações ou palavras ameaçam sua segurança, seu dinheiro ou as pessoas que lhe são queridas. Nessas circunstâncias, eles exigem que cada detalhe seja analisado.

- Algumas pessoas podem rotular os nativos de Touro como materialistas. Para eles, é fundamental manter a concentração no mundo real, afinal, qual é o propósito de sua existência? Isso se torna um problema apenas quando o desejo de possuir coisas, inicialmente direcionado para segurança e preservação, transforma-se em ganância.

- Os taurinos levam o tempo que for necessário para tomar decisões, pois não gostam de mudar de planos depois que eles são feitos. Taurinos não são lentos, são minuciosos.

- No fundo, os taurinos são íntegros. Isso não implica em ingenuidade ou inexperiência; ao contrário, demonstra que desejam ser saudáveis e totalmente autossuficientes.

Terra Fixa

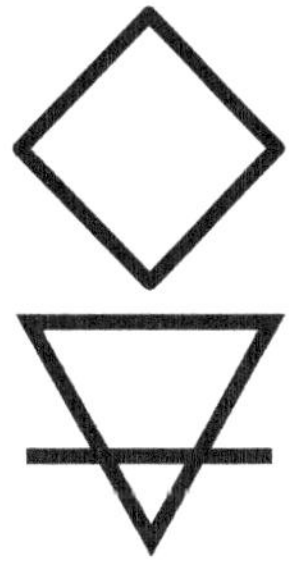

Os quatro elementos da natureza são agrupados em conjuntos de três, cada um associado às modalidades conhecidas como Cardinais, Fixas e Mutáveis. Estas modalidades representam três qualidades distintas ou estilos de manifestação para cada elemento.

O padrão de doze vezes, que é a espinha dorsal da Astrologia, vem das doze combinações produzidas a partir de quatro elementos vezes as três modalidades. Ao dar a volta na roda do zodíaco, a ordem dos elementos é sempre Fogo, Terra, Ar e Água, enquanto as modalidades estão sempre na ordem de Cardinal, Fixo, depois Mutável. Cada temporada começa na modalidade Cardinal, atinge seu ápice na modalidade Fixa e se transforma para o próximo período na modalidade Mutável. A modalidade Cardinal é a energia da criação irrompendo, nascendo e se espalhando pelo mundo. A modalidade Fixa é a harmonização da energia que é preservada, tornando-se e permanecendo totalmente ela mesma. A palavra "Fixa", neste contexto, não significa estática ou passiva; é o trabalho de manutenção da criação. A modalidade Mutável é a energia do fluxo, a flexibilidade, transformação, morte e renascimento.

Touro é o segundo signo do zodíaco, por isso é o elemento Terra da modalidade Fixa. Por isso, uma Bruxa de Touro pode invocar profundas reservas de resistência e poder de manifestação. Embora como uma Bruxa de Touro você possa invocar a Terra em todas as suas formas, é mais fácil recorrer à sua Terra Fixa.

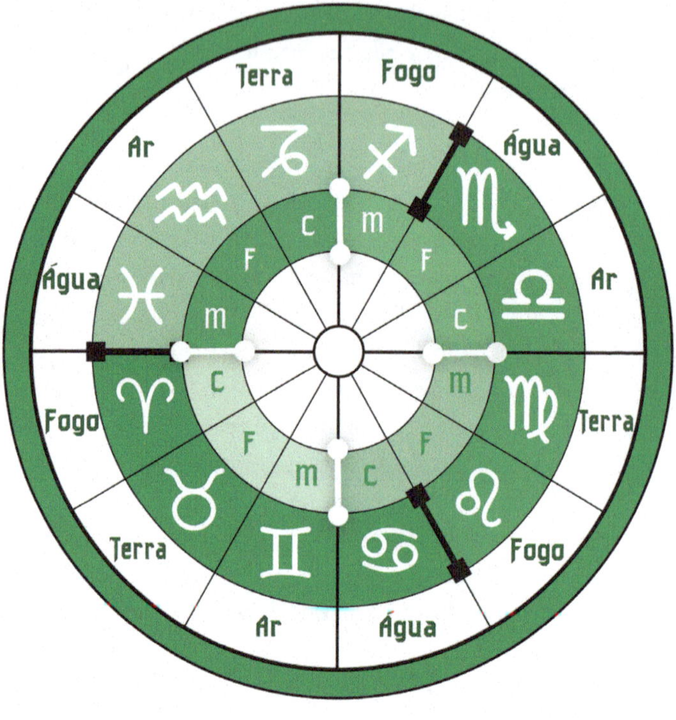

Os elementos e as modalidades na roda

Vênus, Seu Planeta Regente

♀

Seu signo solar determina a fonte e o tipo de energia que você tem em seu âmago. O planeta regente de um signo revela seus movimentos favoráveis e suas respostas intuitivas ou habituais para expressar essa energia. Seu planeta regente oferece um conjunto curado de respostas pré-construídas e posturas personalizadas para você utilizar no seu dia a dia. Vênus é o planeta regente de Touro. Para muitos, a primeira associação que surge ao ouvir o nome "Vênus" é com a Deusa Romana do Amor. No entanto, a relação entre o planeta Vênus e sua influência sobre o signo de Touro é mais complexa; as qualidades amorosas representam apenas uma fração do que ele traz. Vênus representa a beleza em todas as suas formas e a capacidade de percebê-la. A ênfase na beleza surge da influência de Vênus quando está favorável, uma vez que este planeta está ligado à harmonia, ao equilíbrio e à justiça. Essas características, por sua vez, são responsáveis pelos poderes do amor e do carinho em todas as suas expressões. Vênus aprecia o conforto, a sensualidade e a serenidade de estar apaixonado pelo mundo. A influência de Vênus leva Touro a buscar e manter as alegrias e a segurança de estar plenamente envolvido e em um relacionamento mais significativo com o mundo físico.

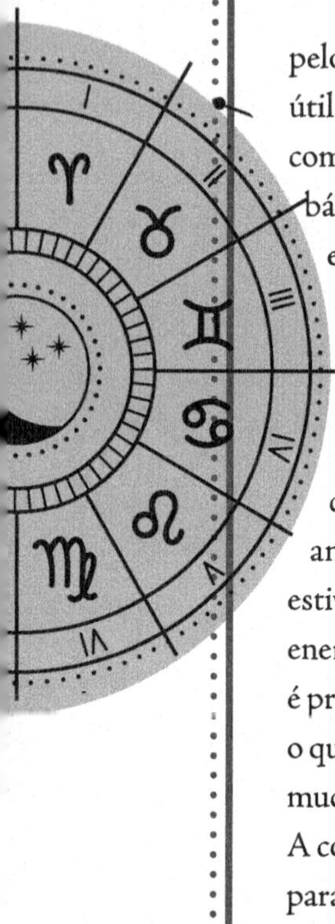

As Bruxas de Touro são mais fortemente afetadas pelo que quer que Vênus esteja fazendo nos céus. É útil acompanhar os aspectos que Vênus está tendo com outros planetas. Você pode obter informações básicas sobre o significado desses aspectos e quando eles estão acontecendo em calendários astrológicos e recursos on-line. Você vai sentir Vênus retrógrado mais fortemente do que a maioria das pessoas. As Bruxas de Touro perceberão que o impacto retrógrado de Vênus começará mais cedo e terminará alguns dias depois da duração anunciada. Além disso, quando Vênus nos céus estiver em Touro, você sentirá um impulso extra de energia. O primeiro passo para usar o poder de Vênus é prestar atenção ao que está fazendo, como se sente e o que está acontecendo em sua vida. As Bruxas podem mudar sua relação com os poderes que as influenciam. A consciência torna possível aproveitar essas energias para os fins que você escolher. Feche os olhos, sinta esse poder e canalize-o em sua magia.

Vênus pode ser uma grande fonte de energia para uma Bruxa de Touro, assim como o elemento Terra. Embora haja alguma sobreposição entre as qualidades e capacidades atribuídas para Vênus e Terra, as diferenças são maiores. Vênus molda como você responde aos seus sentidos, enquanto a Terra molda o mundo e o corpo através da sua percepção. Vênus tem o poder de atrair você para conexões e envolvimentos emocionais, enquanto a Terra tem o poder de definir essas conexões e estabelecer ou redefinir limites. Vênus se deleita com o refino dos relacionamentos e dos valores, enquanto a Terra se deleita na profunda paz e no silêncio que escuta. Quando frustrado, Vênus volta-se para dentro e torna-se agridoce, sofrendo e distorcendo a identidade, enquanto a Terra, quando frustrada, tende à estagnação e à inflexibilidade no âmbito emocional e das ações. Com o tempo, você pode mapear as regiões sobrepostas e as diferenças entre Vênus e Terra. Usar recursos planetários e elementais pode lhe dar uma gama muito mais ampla e maior sutileza.

Touro e a Roda Zodiacal

A ordem dos signos no zodíaco também pode ser interpretada como uma história da criação, na qual a sequência dos elementos se repete três vezes. Touro, situado no primeiro terço do zodíaco, marca a primeira aparição dos quatro elementos na história do Universo. Esses elementos são recém-saídos do redemoinho da criação; eles estão mais próximos da fonte. Touro lembra o momento da criação. A Terra de Touro é a mais primitiva de todas as versões do elemento Terra.

Embora seja verdadeiro para todas as Bruxas, a Bruxa de Touro precisa se aplicar para descobrir como captar as forças espirituais e torná-las vivas no mundo físico. Quando uma taurina consegue consistentemente se conectar com os instintos mais profundos de seu eu genuíno, ela se torna uma âncora e um pilar na vida das pessoas e dos projetos que são importantes para ela. Essa busca pode progredir através da meditação e de viagens interiores, mas apenas essas práticas não bastam. A Bruxa de Touro aprende quando se mostra sólida, pragmática, prática e apaixonada por sua existência no mundo. Mesmo que Touro às vezes seja estereotipado como excessivamente ancorado e focado em coisas materiais, é justamente esse signo que melhor compreende o encanto natural do mundo. Quando uma Bruxa de Touro se conecta com as qualidades espirituais de sua Terra, ela se torna uma curandeira e guardiã da magia, incorporando-a em sua prática.

O Signo e os Planetas Regentes na Roda Zodiacal

CORRESPONDÊNCIAS DE TOURO

♉

Poder: ter

Palavra-chave: constância

Comportamentos: administrador da terra, sensualista, curador-mantenedor

Planeta Regente: Vênus ♀

Elemento: Terra Fixa 🜃

Cores: verde, rosa, dourado

Forma: heptágono

Metais: cobre

Parte do Corpo que Rege: o pescoço

Dia da Semana: sexta-feira

Afirmação:

Quando ouço meu corpo
e meus instintos, eu floresço.

TOURO
TOURO
TOURO
TOURO
TOURO
TOURO

A BRUXARIA QUE SURGE NATURALMENTE PARA UMA PESSOA DE TOURO

Thorn Mooney

Seu signo solar não limita suas habilidades. Independentemente da data do seu nascimento, é possível descobrir, com base em seu signo solar, interesses, talentos e aversões que vão além de qualquer generalização que alguém possa fazer sobre você. Assim como outros inúmeros fatores, sua criação, educação, experiência pessoal e local de nascimento moldam o tipo de pessoa que você é. Além disso, há a liberdade de fazer escolhas. Com o passar do tempo, você adquire a confiança para mudar perspectivas, adotar novos comportamentos e explorar maneiras de aprimorar sua prática de Bruxaria. Como já deu para perceber, seu signo solar descreve tendências e propensões que, embora não determinem sua vida, podem ajudá-la a se orientar e a seguir caminhos que parecem mais naturais e suaves. Sinta-se à vontade para seguir seus impulsos e explorar tudo o mais amplamente possível, mas considere as seguintes técnicas se você for iniciante na Bruxaria ou estiver buscando expandir sua prática:

Magia Física

Muito do que aprendemos como Bruxas iniciantes diz respeito ao controle da mente. Praticamos a arte da meditação para aquietar nossos pensamentos, realizamos exercícios que desafiam os limites do nosso cérebro a realizar coisas que, à primeira vista, pareciam impossíveis, e aprimoramos nossa intuição, buscando compreender além do que os sentidos físicos nos permitem. Aprendemos a viajar em reinos espirituais e nos planos astrais, deixando nossos corpos para trás. Minha própria Alta Sacerdotisa costumava dizer que uma Bruxa habilidosa poderia realizar todo um ritual em sua própria mente; ela acreditava que nenhuma ferramenta no mundo seria capaz de compensar a profundidade de um foco mental aguçado. À medida que avançamos, aprendemos também a não depender de ferramentas. Novas Bruxas são frequentemente aconselhadas a não sair correndo e comprar muitos suprimentos mágicos, porque nós mesmas – especialmente nossas mentes – somos as verdadeiras ferramentas do ofício.

Tudo isso é um bom conselho e uma perspectiva razoável a se manter! No entanto, o corpo e o reino físico são potentes fontes de magia em si; cultivar os poderes da mente não precisa estar à custa de coisas que você pode ver e tocar. O dualismo cartesiano mente-corpo domina muito do nosso pensamento contemporâneo, ensinando-nos a separar primeiro a mente do corpo, para então valorizá-la como superior. Muitas tradições religiosas ensinam aos adeptos que o corpo é menos sagrado e que a alma reside em outro lugar. A Bruxaria, de diversas maneiras, desafia essa fronteira construída entre mente e corpo.

Para as Bruxas, o corpo e suas funções tornam-se preciosos, naturais e até divinos, dependendo de sua Tradição.

Como um signo do elemento Terra com propensão para conexão com o corpo e as experiências da sensualidade, Touro naturalmente se inclina para o físico. Como uma Bruxa de Touro, você entende que não precisa de ferramentas e artimanhas. No entanto, esses instrumentos percorrem um longo caminho para tornar a experiência da magia e ritual mais agradável e envolvente, o que por sua vez pode ser mais eficaz para você. Assim como uma excelente garrafa de vinho pode enriquecer uma refeição, certas visões, cheiros e sensações táteis podem transformar uma experiência mágica boa em excelente. Isso não significa que deva sair correndo e comprar um monte de coisas desnecessárias que não utilizará, tampouco que as ferramentas mais caras são as melhores. Em vez disso, encorajo-a a utilizar o que já tem ao seu redor e a priorizar a magia do seu corpo. Não se concentre apenas no seu desenvolvimento mágico mental em detrimento da sua experiência física. Você não é meramente um espírito preso à carne – somos compostos tanto de carne quanto de espírito, e ambos são poderosos.

Existem muitas maneiras de explorar a magia usando o próprio corpo, não importa o seu nível de experiência. Uma abordagem simples é aprender a envolver seus sentidos. Você pode aprender a criar incensos para diferentes finalidades, elevando o ânimo dos seus rituais por meio do olfato. Crie listas de reprodução mágicas ou até cante ou toque um instrumento, alimentando a energia do seu trabalho através do som. Traga comidas deliciosas ou alguma bebida para seu espaço sagrado a fim de compartilhar com companheiros de

Coven ou outros parceiros mágicos. Faça libações a quaisquer divindades com as quais você possa trabalhar ou adorar, ou simplesmente divirta-se ao se ancorar e centrar. Utilize fantasias ou maquiagem especial. Decore seu altar ou espaço ritual com flores apropriadas, tecidos, objetos que encontrar ou alguma arte que resolver criar (use simplesmente aquilo que você ama). Faça seus próprios instrumentos mágicos e cultive relacionamentos próximos com o que você compra para que cada ferramenta seja aproveitada ao máximo.

Não, você não *precisa* de nada disso, é verdade. Ter este tipo de suporte não a torna uma Bruxa melhor do que alguém que não tem, mas as Bruxas de Touro são especialmente inclinadas a tirar o máximo proveito daquilo que possuem. A Bruxaria é tanto sobre prazer e amor pelo mundo quanto pelo corpo, pois é um trabalho da mente.

Outra maneira de cultivar um forte relacionamento com o corpo físico é aprender algum tipo de técnica de cura. As Bruxas frequentemente são atraídas para profissões na área da saúde, tornando-se médicas, enfermeiras e paramédicas. No entanto, não há obrigatoriedade de seguir os caminhos convencionais de cura para ajudar a si mesmas e aos outros. Você pode aprender massagem, fitoterapia, trabalho energético entre outras técnicas alternativas de cura. Nada disso substitui o tratamento médico licenciado, mas cada vez mais as pessoas estão recorrendo a alternativas para complementar os cuidados convencionais. Além disso, considerar a obtenção de certificação em RCP ou primeiros socorros é uma opção valiosa. Isso por si só pode não parecer muito mágico, mas além de aprender mais sobre o corpo, você pode vir a transformá-lo em um ato sagrado, oferecendo suas habilidades no Paganismo local e nos eventos de Bruxaria, que sempre precisam de voluntários com habilidades especiais como esta. Qualquer habilidade se torna potencialmente um ato de magia ou devoção quando uma Bruxa a dirige como tal. Para muitos praticantes, a Bruxaria é fundamentalmente sobre a cura, e esta é uma boa área para explorar a partir de uma perspectiva taurina. Por fim, se você estiver procurando uma maneira relativamente simples de aumentar a energia em suas práticas mágicas, lembre-se que você pode fazê-lo com seu próprio corpo. Praticamente qualquer tipo de movimento pode ser aproveitado para esse fim: dançar, caminhar ou correr, realizar uma arte marcial, bater palmas, fazer sexo ou até mesmo contrair e relaxar conscientemente os músculos em repetição, pode gerar o poder que as Bruxas usam para trabalhar a magia. Explore como seu próprio corpo, único em suas experiências, vivencia alguns desses aspectos, e considere aplicá-los em rituais. Seu corpo e não apenas sua mente é uma fonte de poder. Quando você trabalha para se concentrar em um experiência sensual de magia, ou quando pratica técnicas que elevam e enfatizam as experiências corporais do mundo, sua arte se torna muito mais envolvente e tangível.

Construindo Conexões com a Natureza

Quando você pensa na natureza, o que lhe vem à mente? Uma floresta remota ou picos de montanhas distantes? Rios e lagos intocados? Prados extensos? Ou talvez possa pensar em parques urbanos ou quintais suburbanos. Recentemente, temos visto um aumento na quantidade de escritos sobre a natureza presente nas cidades e nos subúrbios, isso é bom. No entanto, mesmo essa abordagem muitas vezes é prejudicada pela suposição de que a "natureza" é algo distante de nós, composta apenas por espaços que excluem os humanos. Somos instruídos a "buscar" a natureza, a "retornar" à natureza e, até mesmo, a localizá-la em algum lugar que se perdeu dentro de nós. A natureza é uma construção – uma ideia que criamos na era moderna para descrever o não humano, e é essa alienação entre nós e o resto do mundo que é amplamente responsável pela destruição que causamos.

Como Bruxa do signo de Touro, é provável que você tenha uma forte conexão e apreciação pelo mundo físico. Provavelmente você se sente atraída pelos prazeres sensoriais do mundo natural, como estar em um jardim exuberante e desfrutar do canto matutino dos pássaros, por exemplo. Uma maneira eficaz de explorar e aprofundar seu ofício é fortalecer sua conexão inata com o resto do mundo. E nem precisa ir necessariamente a algum lugar específico. Será que você consegue nomear todos os pássaros que vê da sua janela em um determinado dia? Que insetos e aranhas compartilham sua casa? Quais gramíneas e árvores são nativas da sua região e quais espécies foram introduzidas e cultivadas em seu quarteirão ou vizinhança? De onde vem a água que você bebe, e para onde ela vai depois que escorre pelo ralo? A terra em que você vive foi colonizada? E os povos que costumavam viver lá, onde estão agora? O que as pessoas produzem em sua região? Quais espécies foram extintas e quais estão ameaçadas hoje?

"Natureza" não é algo distante e intocado em algum outro lugar. Você não precisa gostar de caminhadas, tornar-se um naturalista ou mudar drasticamente seu estilo de vida (embora possa decidir se quer isso!). O ideal é começar apenas a perceber a trama de relacionamentos ao seu redor. Plantas, animais, outras pessoas, corpos d'água, rochas, a poeira (incluindo o pavimento) sob seus pés estão todos interligados. Compreender essas relações é importante para qualquer Bruxa, mas a de Touro em particular frequentemente se sente atraída a trabalhar com plantas, animais e pedras. Faça bom uso e, em seguida, expanda aquilo que lhe vem naturalmente. Não é preciso nem sair de casa para começar a aprender mais sobre o seu ambiente, basta ter acesso à internet. A partir daí, você pode tentar cultivar uma planta, aprender a fazer forragem, envolver-se em ações de conservação ou aprender a fazer magia com as rochas e minerais espalhados em sua entrada de automóveis, em vez de depender de cristais polidos extraídos de milhares de quilômetros de distância. Qualquer coisa que puder fazer para diminuir a desconexão entre você e os outros seres ao seu redor a tornará muito mais poderosa como Bruxa.

Invocando a Bênção dos Espíritos da Terra

Por Khi Armand

Como um signo de Terra Fixa, as pessoas com forte posição em Touro têm uma relação especialmente visceral com o elemento Terra e o Organismo Terra no qual elas residem. Representado por um touro, o Sol em Touro é pensado expressando o epítome das qualidades do elemento em aspectos de sua fisicalidade e maneirismos. Embora muitas vezes caracterizado como "teimoso" por levianos astrólogos dos signos do elemento Ar, o impulso do animal touro para se dedicar a sua magnífica fisicalidade para atividades valiosas como relaxar, autonutrição, descobrir lugares mais amenos para descansar e coisas mais agradáveis para a autoalimentação pode também ser caracterizado como uma tendência à quietude. A forte expressão dos posicionamentos de um touro do tamanho adequado e do apetite desse animal em formas diferenciadas podem trazer "a abundância de ser" nessas arenas. Quem melhor para conceder aos outros uma capacidade aumentada de receber apoio do meio ambiente do que a própria terra, expressando a generosidade do Organismo Terra?

Estar nas boas graças dos espíritos locais da terra pode proporcionar enormes benefícios tangíveis e espirituais, incluindo o apoio a uma sensação geral de qualidade de vida. Por Touro estar profundamente enraizado, a ajuda do espírito da Terra pode fornecer maior conforto e proteção até mesmo contra perigos mundanos, ao mesmo tempo em que aumenta a sorte e as capacidades de manifestação, simplificando o ambiente a seu favor. Apesar do notável mau humor diante da conivência da humanidade contemporânea com uma perspectiva industrial dos recursos da Terra, um praticante solitário, cujas intenções, escolhas e história cármica refletem respeito e desejo de intimidade, serve como combustível para uma experiência radicalmente diferente do lugar e até mesmo da própria vida. Invocar a Bênção dos Espíritos da Terra é um rito de consagração simples que atrai a atenção e o suporte dos guardiões locais da Terra – antigos Espíritos da Terra de estatura alta que mantêm o equilíbrio e os limites – em favor de outros. Essa benção é um presente que só pode ser realizado uma vez a cada Solstício de Inverno. Pode-se solicitar que um amigo ou ente querido a faça em seu nome, mas a magnitude de tal pedido deve ser reconhecida.

Tendo adquirido uma pedra ou cristal que lhe atraiu, coloque-o sobre um tecido no chão o mais próximo possível do momento exato do Solstício de Inverno em sua região. Ao visualizar a pessoa para quem você está realizando esta invocação na superfície da pedra, imagine simultaneamente a energia do Organismo Terra subindo por seus pés, passando por dentro deles. Mantenha essa visualização enquanto caminha ao redor da pedra no sentido horário (deosil) uma vez. A invocação está completa.

A pessoa para quem a invocação foi realizada deve carregar a pedra consigo sempre que possível por três dias; ao dormir, pode ser guardada debaixo do travesseiro. Depois desse período, a pedra deve ser mantida ao ar livre em seu espaço privado, como em um quarto. Enquanto o portador mantiver a pedra consigo em suas jornadas pelo mundo, poderá contar com o apoio dos guardiões locais da Terra. É fundamental que a pedra não seja repassada a outra pessoa; caso não seja mais desejada, pode ser respeitosamente enterrada.

Construindo a Comunidade

Um dos obstáculos com que me deparei quando fui introduzida à Astrologia pela primeira vez como uma jovem Bruxa foi a insistência constante em todos os lugares, de que, por ser taurina, eu naturalmente deveria ser amorosa e carinhosa. Como sou decididamente desajeitada e tenho pouco interesse em muitas das atividades frequentemente associadas às taurinas – como cozinhar, cuidar, assumir o papel de anfitriã e manter a estabilidade nos relacionamentos – essas características simplesmente não combinam comigo. Cheguei a pensar que talvez eu simplesmente não fosse uma boa representante do meu signo solar, ou talvez Astrologia fosse totalmente louca e não se aplicava a mim. Mas conforme eu aprendia mais e me desenvolvia na minha prática, comecei a entender que "amar e cuidar" não significa automaticamente que você é fisicamente afetuosa, super interessada em sexo, voltada para a família ou determinada a ser a melhor anfitriã de jantar do mundo na vizinhança. Essas coisas são apenas *expressões* possíveis para os nativos de Touro. Minha própria expressão física do impulso zelador de uma taurina simplesmente acontecia em uma escala diferente – e ainda maior! Para mim, isso se reflete em meu trabalho como facilitadora da comunidade.

Algumas Bruxas de Touro podem mostrar seu amor e carinho preparando refeições e cuidando das crianças, isso é um ato de amor tanto quanto doar seu tempo para construir um site para sua organização local *Pagan Pride* (Orgulho Pagão), para iniciar e moderar uma comunidade de Bruxaria on-line em uma plataforma de mídia social, para ensinar oficinas mágicas em sua comunidade ou para iniciar um Coven.

Como nativa de Touro, você provavelmente tem talento para muitas das habilidades exigidas para ser uma boa líder comunitária. Praticidade, firmeza, paciência, honestidade e confiabilidade, todos esses atributos contribuem para a liderança. E todo esse amor e carinho que tantos livros de horóscopo atribuem à Touro não se aplicam apenas ao romance e à família. Suas comunidades – tanto as mágicas quanto as mundanas – necessitam de cuidado. Você pode se voluntariar em uma causa política importante ou se envolver em um grupo de Bruxas local, se tiver um. Não é necessário ser Bruxa especializada para construir uma comunidade mágica, ou mesmo para exercer liderança. Contanto que seja honesta sobre a experiência que tem e não deturpe a si mesma, pode fazer um ótimo trabalho. Encontre outros iniciantes e comece um grupo de estudo, ou um clube do livro onde qualquer um pode vir e compartilhar. Se você é uma Bruxa experiente, considere maneiras pelas quais compartilhar sua experiência com os outros. Inicie um canal no YouTube, ofereça leitura de cartas de Tarô para arrecadar dinheiro em um evento de caridade, ensine em um workshop, escreva um livro ou ajude a organizar um festival. Existem inúmeras maneiras pelas quais você pode canalizar suas tendências naturais como taurinas para construir uma comunidade.

Esses são apenas alguns exemplos de habilidades que provavelmente surgem naturalmente para alguém devido ao seu signo solar, mas considere-os apenas como pontos de partida. Sua natureza firme e comprometida provavelmente a tornará habilidosa em qualquer área em que esteja verdadeiramente determinada a se destacar!

CORRESPONDÊNCIAS MÁGICAS

Thorn Mooney

♉

As complexidades do seu caminho mágico serão informadas pelos seus próprios interesses, experiências e desejos únicos, mas como taurina, você provavelmente descobrirá que tem mais tendências naturais para alguns tipos de Bruxaria do que para outras. Pense nisso como sugestões para áreas a explorar, ferramentas pelas quais você pode sentir uma afinidade natural e ideias para onde gostaria de direcionar seu próprio trabalho mágico.

Tipos de Magia

- Talismãs e amuletos
- Bruxaria de cozinha
- Mudança de forma
- Magia sexual

Instrumentos Mágicos

- Vestes e joias
- Pentáculo ou Peyton
- Sal e terra
- Tambores
- Pintura corporal e maquiagem
- Bolos, vinho e outras libações mágicas

Metas Mágicas e Ideias de Feitiços

- Proteção mágica
- Dinheiro e magia de prosperidade
- Magia para amor, romance e amizade
- Comunidade e magia guiada para grupo
- Lareira e magia do lar
- Dança sagrada, teatro e música

TOURO

• HORÁRIOS, LUGARES E OUTROS EVENTOS •

Ivo Dominguez, Jr.

Provavelmente você já encontrou muitos gráficos e listas em livros e on-line catalogando aspectos que estão relacionados ao seu signo solar e ao seu planeta regente. Existem muitas variedades maravilhosamente selecionadas de ervas, cristais, listas de reprodução de música, moda, esportes, personagens fictícios, cartas de Tarô e muito mais que são atribuídas ao seu signo solar. Essas compilações de associações são mais do que uma curiosidade ou entretenimento. Correspondências são como mapas do tesouro que mostram a você onde encontrar o tipo e o sabor do poder que está procurando. São fluxogramas e diagramas que mostram a relação oculta interna entre as energias sutis e o mundo físico. Embora existam muitos propósitos para listas de correspondências, há dois que são especialmente valiosos para se tornar uma Bruxa de Touro melhor.

O primeiro é contemplar o significado das correspondências, a maneira pela qual elas revelam detalhes significativos sobre seu signo solar e planeta regente e como elas se conectam com você. Isso aprofundará sua compreensão do que é ser uma Bruxa de Touro.

Usar esses itens como pontos de conexão para acessar energias e essências que apoiam sua magia é o segundo propósito. Isso expandirá o número de ferramentas e recursos à sua disposição para todas as suas aplicações.

Cada seção deste capítulo irá apresentar um tipo de correlação com sugestões sobre como identificar e usar estes itens. Isso tudo é apenas um ponto de partida. Você encontrará muito mais à medida que for explorando e aprendendo. Conforme for ampliando seu conhecimento, você pode se sentir um pouco confusa ao descobrir que as fontes discordam sobre as correlações. Essas contradições geralmente não são uma questão de quem está certo ou errado, mas uma questão de perspectiva, diferenças culturais e o objetivo de uso para as correlações. Qualquer coisa que exista no mundo físico pode ser descrita como uma mistura de todos os elementos, planetas e signos. Você pode ser do signo de Touro, mas dependendo do resto do seu mapa, pode haver fortes concentrações de outros signos e elementos. Por exemplo, se descobrir que uma determinada erva está listada como associada tanto a Touro quanto a Virgem, é porque ela contém ambas as naturezas em abundância. Nos casos de fortes correlações múltiplas, é importante convocar ou sintonizar aquilo que você precisa no momento.

Horários

Você sempre terá acesso ao seu poder como uma Bruxa de Touro, mas tem momentos em que o fluxo é mais forte, prontamente disponível ou mais facilmente invocado. Existem técnicas astrológicas sofisticadas e métodos para selecionar datas e horários que são específicos para o seu mapa de nascimento. Você pode se sair muito bem com métodos mais simples, a menos que queira aprender um pouco mais de Astrologia ou contratar alguém para determinar isso. Vamos olhar para os ciclos do ano solar, do mês lunar e das horas de rotação dia-noite. Quando o Sol ou a Lua está em Touro, ou por volta do momento em que começa a amanhecer a cada dia, você está no ponto ideal para se sintonizar com o núcleo de seu poder.

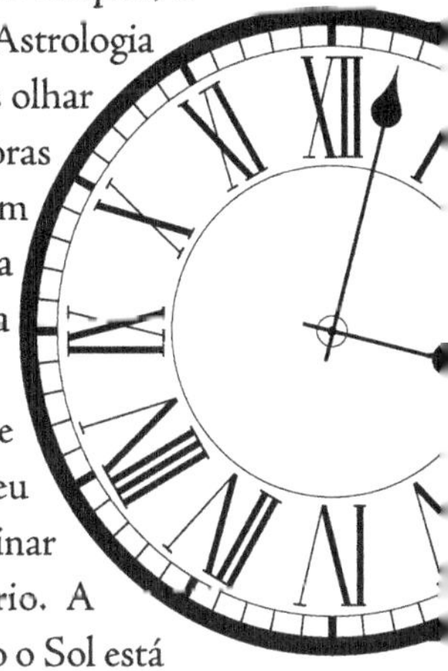

A temporada de Touro é de aproximadamente 20 de Abril a 20 de Maio, mas verifique seu calendário astrológico ou efemérides para determinar especificamente esta data em seu fuso horário. A quantidade de energia acessível é mais alta quando o Sol está no mesmo grau de Touro em seu mapa astral. Esse pico nem sempre será na sua data de nascimento, mas muito perto disso. Aproveite a temporada de Touro para trabalhar com magia e para recarregar e armazenar energia para o ano inteiro.

A Lua se move através dos doze signos a cada ciclo lunar e passa cerca de dois dias e meio em cada signo. Quando a Lua está em Touro, você tem acesso a mais poder lunar, porque a Lua nos céus tem uma ligação ressonante com o Sol no seu mapa astral. Em algum momento durante seu tempo em Touro, a Lua estará no mesmo grau que o seu Sol. Para você, esse será o pico da energia durante a passagem da Lua através de Touro naquele mês. Enquanto a Lua está em Touro, seu psiquismo fica mais forte, assim como sua capacidade de manifestar coisas. Quando a Lua está em quarto crescente, em qualquer signo, você pode recorrer ao seu poder mais facilmente, porque essa fase é de crescimento e ação.

O pico da temporada de Touro (o 15° grau) é a data astrológica para Beltane no Hemisfério Norte , outro momento poderoso para invocar seu poder taurino.

Touro é o segundo signo do zodíaco, um sistema que pode ser comparado ao complexo mecanismo de um relógio. Na verdade, o zodíaco opera em diversos planos de realidade, então são vários relógios, cada um movendo-se em velocidades e direções distintas. Para fins de feitiços e rituais, seguiremos a ordem natural dos signos no ano, correlacionando-os com o ciclo do dia e da noite. Assim, o meio da manhã corresponde ao poder terreno de Touro. Se você é uma pessoa focada em detalhes, pode estar se perguntando quando é o meio da manhã. Isso varia com a época do ano e sua localização, mas se você precisar saber o horário, pense entre 8h e 10h da manhã. Ou você pode usar sua intuição e sentir o seu caminho para o meio da manhã em qualquer dia. Os poderes que fluem durante este tempo são ricos, criativos e preenchidos com possibilidades que estão prontas para surgir. Planeje usar a energia taurina do meio da manhã para abastecer e alimentar feitiços ou manifestação, cura e crescimento.

O efeito desses momentos especiais pode ser aplicado em qualquer combinação. Por exemplo, você pode optar por trabalhar durante a madrugada quando a Lua estiver em Touro, ao amanhecer quando o Sol está em Touro, ou durante a regência do signo de Touro, quando a Lua está nessa posição. Ou pode também combinar os três. Cada agrupamento de período de tempo terá uma sensação distinta. Experimente e use seus instintos para descobrir como aplicá-los em seu trabalho.

Lugares

Existem atividades, profissões, fenômenos e comportamentos que têm afinidades e conexões ressonantes com Touro e seu planeta regente, Vênus. Essas atividades ocorrem nos locais que se adequam ou facilitam suas expressões. Há uma magia a ser reivindicada daqueles lugares que estão destinados para Touro ou ao seu planeta regente Vênus. Assim como seu mapa astral, o mundo ao seu redor contém as influências de todos os planetas e signos, mas em diferentes proporções e arranjos. Você sempre pode se estabelecer na energia de Touro ou de Vênus, mas lugares e espaços têm energias que se acumulam e também podem ser aproveitadas. Os lugares contêm os ambientes físico, emocional e espiritual que são criados pelas ações dos objetos materiais, plantas, animais e pessoas que ocupam esses espaços. Algumas das interações entre essas coisas podem gerar ou concentrar as energias e padrões que podem ser usados pelas Bruxas de Touro.

Se você consultar livros tradicionais de Astrologia, encontrará listas de locais atribuídos a Touro e Vênus que incluem localizações como:

- Jardins e fazendas
- Praias e lagos
- Danceterias e espaços suntuosamente decorados

Esses lugares estão muito claramente ligados aos temas associados com Touro e Vênus. Com um pouco de brainstorming e livre associação, você encontrará muitos outros locais menos óbvios e situações em que pode recorrer a esse poder. Por exemplo, restaurantes aconchegantes e casas de show podem lhe oferecer algo com que pode realmente se conectar. Qualquer atividade relaxante – cozinhar, acariciar um animal de estimação – pode se tornar uma fonte de poder para uma Bruxa de Touro. Todos os implementos ou ações relacionadas ao embelezamento, bordado ou artes têxteis; cuidado com as plantas ou animais; ambientes sociais descontraídos e muitas outras configurações também podem ser uma fonte de energia.

Embora certamente seja possível identificar lugares onde a energia de Touro e/ou Vênus está presente em abundância para realizar seus trabalhos, você também pode encontrar essas energias em muitas outras situações. Não se limite à ideia de que os lugares devem ser aqueles que têm um vínculo formalizado com Touro. Fique atenta aos temas e atividades de Touro ou Vênus onde quer que você esteja. Lembre-se de que as pessoas que pensam, sentem ou participam de atividades relacionadas ao seu signo e planeta regente estão aumentando o seu poder. Se você conseguir identificar um local que ressoa com o seu signo solar ou planeta regente, poderá mais facilmente convocar o poder e colocá-lo em uso. Você completa o circuito de se engajar no fluxo com sua visualização, intenções e ações.

Plantas

Touro é terreno e sensual, sempre em movimento. Sua cor é todos os tons de verde e rosa frios. Vênus se sobrepõe, mas também adiciona um foco em harmonizar, suavizar, nutrir e traz uma gentil infusão de força vital. Ervas, resinas, óleos, frutas, vegetais, madeiras e flores que exibem fortemente uma ou mais dessas qualidades podem ser invocadas para auxiliar sua magia. Aqui estão alguns exemplos:

- Menta é uma boa escolha devido à sua cor verde vibrante, seu aroma refrescante e sua capacidade de acalmar o sistema digestivo.
- Damiana é uma opção valiosa por sua capacidade de despertar a alegria sensual e reduzir o estresse.
- Maçãs e suas flores são escolhas significativas, pois nutrem e são associadas ao amor de Vênus.
- Patchouli é uma excelente opção devido à sua doce fragrância terrosa e sua capacidade de proporcionar aterramento.
- A rosa malva é selecionada por sua habilidade de harmonizar o coração e a mente, libertando-nos das obsessões.

Uma vez que entenda a razão para fazer essas atribuições, as listas de correspondências farão mais sentido. Outra coisa a considerar é que cada parte de uma planta pode ressoar mais fortemente com um elemento, um planeta e um signo diferente. O cheiro doce e a beleza de uma rosa se conectam com Touro e Vênus, enquanto outras partes da planta podem pertencer a outra combinação de influências celestiais. Uma rosa vermelha com espinhos está tão ligada a Áries e Marte quanto a Touro e Vênus devido à sua proteção afiada. Quais passos energéticos tomar diante disso vai depender de seu chamado e do seu desejo. O *chamado* é um truísmo na Bruxaria. Quando usa sua natureza de Touro para fazer uma convocação, você é atendida pela parte taurina da planta.

Os materiais vegetais podem assumir a forma de incensos, óleos de unção, retábulos, poções, banhos, instrumentos mágicos, alimentos, arranjos de flores e assim por diante. A mera presença da planta com o material vinculado a Touro ou Vênus será útil para você. No entanto, para obter o máximo benefício da energia vegetal, é necessário se envolver ativamente com ela. Empurre um pouco de sua energia para a planta, em seguida, puxe-a para iniciar o fluxo. Embora muito do material vegetal com o qual trabalha possa estar seco ou preservado, ele mantém uma conexão com os membros vivos de sua espécie. Você também pode estender a mão e tentar comungar com o espírito, a alma de grupo das plantas, para solicitar sua assistência ou orientação. Isso despertará o poder adormecido nos materiais vegetais secos ou preservados. Passar um tempo com plantas vivas, seja em casa, no seu quintal ou em um jardim público, fortalecerá sua conexão com a vida terrena de Touro.

Cristais

Antes de nos aprofundarmos neste tópico, vamos esclarecer algumas das confusões em torno das pedras para cada signo do zodíaco. Existem diversas listas de pedras associadas aos signos. No entanto, é importante estar ciente de que algumas pedras estão associadas aos meses do calendário em vez dos signos zodiacais. É importante estar ciente de que existem sim listas tradicionais, porém, as mais comumente disponíveis para as pedras do mês de nascimento foram criadas por joalheiros para vender mais joias. Também tenha cuidado com a palavra "tradicional". Alguns joalheiros se referem às antigas listas compiladas por outros aurífices como tradicionais. Listas elaboradas por praticantes de magia também podem divergir devido às variações culturais e à disponibilidade de diferentes pedras nos horários e locais em que foram compiladas. Se você já tem uma forte ligação com uma pedra de seu mês de nascimento e descobre que ela não está realmente conectada com a energia do seu signo, mantenha-se usando-a. Sua conexão pessoal é a prova do valor que essa pedra tem para você em termos de movimento, conservação e mudança de energia, esteja ela ou não especificamente sintonizada com Touro.

Estas são minhas atribuições preferidas das pedras do mês de nascimento para os signos do zodíaco:

Áries	jaspe-sanguíneo, cornalina, diamante
Touro	quartzo-rosa, âmbar, safira
Gêmeos	ágata, olho de tigre, citrino
Câncer	pedra da lua, pérola, esmeralda
Leão	heliodoro, peridoto, ônix-preta
Virgem	aventurina-verde, ágata-musgo, zircônia
Libra	jade, lápis-lazúli, labradorita
Escorpião	obsidiana, berilo incolor, nuumita
Sagitário	turquesa, topázio-azul, iolita
Capricórnio	turmalina-negra, howlita, rubi
Aquário	ametista, sugilita, granada
Peixes	ametrina, quartzo-fumê, água-marinha

Existem muitas outras possibilidades que também funcionam muito bem. Sugiro que encontre aquela que melhor se adapta a você como indivíduo. Incluí todos os doze signos caso queira usar as pedras para o seu signo lunar ou ascendente. A experimentação prática é a melhor abordagem, por isso, sugiro visitar lojas de cristais, esotéricas e exposições de rochas e minerais sempre que possível. Aqui estão algumas informações sobre as três pedras que eu prefiro para Touro:

Quartzo-rosa

O quartzo-rosa é o cristal mais recomendado para questões do amor e do coração. Com certeza, esta pedra tem uma conexão forte com Vênus e tudo o que este planeta envolve. No entanto, para uma taurina, sua maior virtude reside em incentivar a paz e a serenidade interior. O quartzo-rosa promove a harmonia e a integração entre mente, corpo e espírito, facilitando assim uma conexão mais autêntica e profunda com o ambiente e as pessoas ao seu redor. Sua energia curativa e amorosa, suave e calorosa, tem raízes na realidade, não em fantasias romantizadas. Além disso, o quartzo-rosa auxilia na liberação de toxinas, tanto físicas quanto emocionais.

Âmbar

O âmbar é uma pedra preciosa orgânica, formada a partir da seiva fossilizada de árvores antigas. Essa pedra contém a essência verde das plantas, a energia dourada do Sol e uma conexão profundamente enraizada no tempo. O âmbar representa o elemento Fogo que foi transformado em Terra, algo que uma taurina compreende profundamente. Essa pedra absorve e armazena a energia vital, funcionando de forma semelhante a uma esponja mais do que como uma bateria. Ele tem a capacidade de capturar energia rapidamente e retê-la de forma solta, requerendo um aperto simbólico para liberar a energia armazenada. Para as Bruxas de Touro, a capacidade do âmbar de estimulá-las suavemente a sair da lentidão é particularmente benéfica. Além disso, o âmbar também encoraja o desenvolvimento mental e a flexibilidade emocional.

Safira

A safira é encontrada em uma variedade de cores. Cada tonalidade possui propriedades únicas. Apesar das diferenças, todas as safiras possuem características que são especialmente úteis para as Bruxas de Touro. É uma pedra que estimula a sabedoria e a intuição, incentivando a permanência nesses poderes. Ela auxilia a atuar como líder em assuntos mundanos e como ponto focal no trabalho mágico, aumentando a confiança nas próprias habilidades. Além disso, a safira promove disciplina e ação ordenada, ampliando a capacidade de comunicação por meio do poder de falar e escrever telepaticamente e de forma não verbal. Para uma nativa de Touro terrena, essa pedra auxilia na construção de um caminho para se conectar com a consciência superior, enquanto ainda mantém uma sensação de ancoragem.

A intuição e a orientação espiritual têm um papel significativo na criação das correlações, especialmente no contexto do conhecimento tradicional, que é enriquecido pela experiência coletiva de muitas gerações de praticantes. Nesse contexto, também está a razão pela qual essas atribuições são feitas. Entender o processo vai ajudá-la a fazer escolhas mais assertivas. Aqui estão alguns exemplos desse raciocínio:

- Cristais verdes, rosas ou dourados expressam seu alinhamento com Touro e Vênus, refletindo assim as questões do coração e da vida vegetal. Fluorita, unakita e prehnita são bons exemplos dessas gemas.
- O metal atribuído a Touro é o cobre. Consequentemente, os cristais que contêm quantidades significativas desse metal, como malaquita, azurita e crisocola, estão correlacionados.
- Cristais cujos conhecimentos e usos estão relacionados às características ou temas de Touro ou Vênus, tais como estabilidade, amor e paz, como a turmalina-rosa, são recomendados para os taurinos.
- Pedras que representam o oposto dos temas associados a Touro oferecem um contrapeso aos traços do signo ou de Vênus. Por exemplo, a cornalina e o jaspe-sanguíneo podem aparecer em listas de cristais para Touro, pois ajudam a incentivar a ação quando há excesso de cautela.
- Os cristais sugeridos para Escorpião, que é o oposto de Touro, como a nuumita, também são úteis para manter seu equilíbrio.

Objetos Rituais e a Bruxa de Touro

Um número substancial de Tradições e Escolas de Bruxaria usa Instrumentos Mágicos que são consagrados para representar e manter o poder dos elementos. Muitas vezes, nesses sistemas, há um Instrumento principal para cada um dos elementos. O Pentagrama, a Patena ou a Triquetra esculpida em um disco são utensílios mais comuns para um signo do elemento Terra. Encontre e siga o que funciona melhor para você. Instrumentos Mágicos e objetos rituais são tipicamente limpos, consagrados e energizados antes de serem utilizados. Além disso, ao seguir qualquer procedimento que você possa ter para preparar seus Instrumentos, adicione mais uma etapa para incorporar sua energia e identidade como uma Bruxa de Touro. Isso é especialmente produtivo para instrumentos e objetos mágicos rituais que estão conectados ao elemento Terra ou são utilizados para trabalhos de aterramento ou para estabelecer limites. Ao adicionar a energia e os padrões de Touro na preparação de seus Instrumentos, você achará mais fácil aumentar, mover e moldar a energia com eles em seus trabalhos.

Existem muitos Instrumentos Mágicos e objetos rituais que não precisam ter elementos específicos. O núcleo de sua força vital e o poder mágico brotam de seu Sol em Touro. Portanto, unir conscientemente a energia do seu núcleo de Touro com o poder que flui dos instrumentos ou objetos, aumenta sua eficácia. Desenvolva o hábito de usar o nome "Touro" como uma palavra de poder, o símbolo de Touro para invocar poder e a cor verde de Touro para visualizar seu fluxo. Seja com um pêndulo, um bastão, um cristal ou um cálice, sua energia de Touro rapidamente se elevará e responderá ao seu chamado.

Uma Prática de Energização

Quando você conscientemente direciona sua energia de Bruxa de Touro para seus Instrumentos Mágicos, eles se ajustam mais próximos à sua aura. Aqui está um método rápido para energizar qualquer instrumento com sua energia de Touro.

1. Coloque o instrumento à sua frente, sobre uma mesa ou um altar.
2. Respire profundamente, visualizando-se inalando uma energia de cor verde suave e então diga "Touro" ao expirar. Repita este processo três vezes.
3. Utilize ambas as mãos para formar um círculo com os dedos indicadores e polegares. Coloque esse círculo sobre sua laringe. Em seguida, levante os polegares, mantendo-os conectados, até os lábios e afaste os dedos indicadores. Você acabou de formar o glifo para Touro.
4. Com um dedo, trace repetidamente o glifo de Touro sobre ou no objeto que está sendo energizado. Visualize o glifo sendo absorvido pelo instrumento enquanto você repete o processo.

5. Pegue o instrumento e respire profundamente enquanto imagina a energia verde clara em sua mente. Em seguida, sopre essa energia potencializada sobre o instrumento.
6. Diga "Abençoado seja!" e prossiga utilizando o instrumento ou guarde-o.

Espero que esta prática de energização inspire e incentive você a experimentar. Desenvolva o hábito de usar o nome "Touro" como palavra de poder. Use o glifo de Touro para invocar poder e as cores verdes suaves deste signo para visualizar seu fluxo. Fique à vontade para usá-los espontaneamente. Seja com um pêndulo, um bastão, um cristal, um cálice, uma túnica ritual ou qualquer outra coisa que capte sua imaginação, esses métodos simples podem ter um grande impacto. A energia de Touro que você imprime em objetos rapidamente ascenderá e atenderá o seu clamor.

Aterrar com Pedra

Por Christopher Orapello

As provações e tribulações de uma mudança. O processo de empacotar. A sensação de desenraizamento. A realocação de si mesmo e de seus pertences. A falta de familiaridade. O estabelecimento de novas raízes e rotinas. Mudar pode ser extremamente difícil. Felizmente, a maioria de nós só experimenta essas mudanças algumas vezes durante nossas vidas, enquanto outros enfrentam esse processo a cada poucos anos, querendo ou não.

Como taurinos, nossos alicerces não apenas nos seguram, mas também nos sustentam. Então, quando nos deparamos com a tarefa de mudar, as preocupações em torno de uma decisão de mudança de vida podem realmente abalar nossa estrutura e nos inspirar a buscar um novo ambiente repleto de certeza, conforto e esperança.

Você vai precisar de:

- Dois pedaços pequenos de jaspe-verde
- Um pedaço de tecido preto de 15 x 15 cm
- Uma lanceta esterilizada, se você tiver uma disponível e souber usá-la adequadamente
- Óleo essencial de artemísia
- Lavanda seca
- Um pedaço de 30 cm de cordão verde

Instruções:

Para preparar seu feitiço, lave seus jaspes em água corrente para remover quaisquer influências indesejadas. Visualize-os se tornando livre de associações e conexões anteriores e prontos para receber a magia que você está prestes a incutir neles.

Comece seu feitiço em uma noite de lua cheia. Reúna seus materiais e coloque-os em seu altar ou, se não tiver um altar, em um local pessoal onde não será perturbado.

Coloque seu tecido preto de 15 x 15 cm na superfície de trabalho e coloque seus pedaços de jaspe-verde sobre ele.

Se puder, fure o dedo médio com a lanceta esterilizada e aplique a mesma gota de sangue em ambas as pedras. Diga:

Com este sangue, você pode me aterrar.

Agora, com o óleo de artemísia, unte as pedras de maneira semelhante usando o dedo indicador e diga:

Com este óleo, você pode me proteger.

Em seguida, pegue a lavanda seca, espalhe-a sobre as pedras e diga:

Com estas ervas, você pode me preencher
com amor, confiança e paz.

Dobre o tecido para que as pedras e as ervas fiquem confinadas dentro dele. Usando seu cordão verde, feche o pacote, mas amarre-o de maneira que possa desamarrá-lo depois.

Para se aliar ainda mais com as pedras, durma com este pacote debaixo do seu travesseiro por uma semana. No sétimo dia, leve o pacote para fora, abra-o e enterre uma das pedras em um local seguro. Diga

Eu enterro esta pedra para que eu possa
estar aterrada em tudo o que fizer.
Que assim seja!

Amarre a pedra e as ervas restantes e mantenha-as consigo para ajudá-la a se sentir aterrada enquanto segue sua vida.

CORRESPONDÊNCIAS HERBAIS

♉

Todos esses materiais vegetais têm uma conexão única e especial com a energia de uma Bruxa de Touro, oferecendo um bom ponto de partida para suas práticas.

Ervas

Tussilagem	Traz tranquilidade e atrai romance e abundância.
Catnip (Erva-gateira	Afasta a melancolia; atrai espíritos prestativos; traz sorte.
Angélica	Bane o mal e aumenta os dons de cura e clarividência.

Flores

Violeta	Trabalho onírico; cura da dor emocional; desejo mágico.
Lilás	Libera amarras; protege o lar; faz as pazes com os espíritos da natureza.
Dianthus	Liberta-o de duvidar de si mesmo; promove força física; revela a verdade.

Incense and Fragrances

Jasmim	Meditação; contato com seu Eu superior; sensualidade.
Cumaru	Feitiços de ancoragem; encontrar a verdadeira intenção; imã de poder.
Palmarosa	Cura feridas psíquicas; guias espirituais; descanso profundo.

TOURO

LIMPEZA E PROTEÇÃO

Thorn Mooney

Definir e preparar seu espaço para a prática da magia é um tema fundamental, muitas vezes subestimado. Enquanto algumas Tradições de Bruxaria adotam procedimentos rígidos para consagrar espaços sagrados e purificar seus praticantes, outras incentivam a habilidade de operar em qualquer circunstância. É verdade que às vezes a situação exige agilidade. A realidade é que a maioria de nós ficará em algum lugar no meio, dependendo de muitos fatores que podem mudar a qualquer momento. Sonhar em ter seu próprio espaço de trabalho sempre energeticamente preparado para a prática da magia, na melhor forma energética, perfeitamente equilibrado e pronto para funcionar a qualquer momento, é comum. No entanto, isso geralmente não passa de um sonho. É sempre bom ter por perto uma caixa de ferramentas e técnicas que possam ajudá-la a limpar tudo rapidamente, eliminando o lixo energético. Isso vai levantar seu ânimo e ajudará a se certificar de que seu espaço está pronto para trabalhar em alguma magia eficaz.

Como uma Bruxa de Touro, as ideias a seguir são especificamente selecionadas para apelar aos seus talentos e tendências naturais.

Limpeza!

Eu sei que isso pode não parecer muito mágico, mas uma das melhores coisas que você pode fazer por si mesma, seja para limpar a gosma energética ou evitar atraí-la para o seu ambiente, é realizar uma limpeza física, seja do seu espaço ou do seu próprio corpo. Como nativa de Touro, você será particularmente sensível e consciente de seu ambiente físico, então, certifique-se de otimizá-lo para se sentir o mais confortável e segura possível. Limpe os pisos, remova a sujeira dos balcões e tampos de mesa, aspire as áreas acarpetadas e tire o pó das bugigangas. Dobre e guarde as pilhas de roupas e certifique-se de que todas as suas coisas tenham um espaço designado, onde possam ser organizadas. Limpe os rodapés, espelhos e janelas e desinfete banheiros e pias. Faça todo o trabalho sujo que precisa ser feito! Você ficará absolutamente maravilhada com o que uma simples limpeza fará para liberar um espaço, mesmo antes de você empunhar quaisquer Instrumentos Mágicos. Não estou dizendo que você precisa se tornar uma governanta totalmente perfeita para fazer magia – acredite em mim, eu sou a rainha da desordem e quase fisicamente incapaz de esvaziar a máquina de lavar louça até que vários dias tenham se passado –, mas na maioria das vezes, essa estagnação energética que você pode estar sentindo é na verdade causada por problemas em seu espaço. Quando você adquire o hábito de fazer pequenas limpezas diárias e manter as coisas em seus devidos lugares, seu espaço se torna mais leve e aberto. Isso faz com que qualquer magia que você realize no local seja muito mais eficaz!

Depois de limpo, sua apreciação taurina pela beleza e pelo prazer sensual podem dominar. Queimar um incenso rico e delicioso, espalhando a fumaça pela sala para perfumar o ar e limpar espiritualmente o espaço é uma opção maravilhosa. Arranje algumas plantas e coloque-as nas janelas ou pendure-as no teto. As plantas têm uma magia própria e ajudarão a manter a energia em movimento, elevando seu espírito e embelezando sua casa ou templo. Abra as janelas para deixar a brisa fluir e levar qualquer energia estagnada, pesada ou negativa. Disponha seus objetos e Instrumentos Mágicos favoritos em prateleiras, peitoris de janelas e onde quer que se sintam em casa. Para a taurina, toda a sua casa é potencialmente seu altar e espaço de trabalho mágico – não se limite!! Traga belos objetos do exterior (respeitando as leis locais e federais sobre forrageamento e recolha de penas e outros restos de animais), crie artes de maneiras que preparem seu ambiente para agradar seus sentidos. Nada precisa ser caro ou chique. "Limpo" também não significa "minimalista". Não é sobre as muitas coisas que você tem, mas sobre organizá-las de maneira que deixe a energia fluir! Apenas deixe seu espaço em um estado que pareça bom para *você*. Com esses detalhes simples, você não apenas reduzirá as chances de se encontrar em meio a uma bagunça mágica, como também estará pronta caso precise realizar uma magia mais elaborada. Um lar feliz e limpo contribui para a centragem de uma Bruxa de Touro.

Limpeza e ordem se aplicam a você também! O corpo humano, independentemente de sua forma, idade ou condição, é algo lindo, magnífico, repleto de magia. Contudo, à medida que você segue sua vida diária, inevitavelmente acumula não apenas a sujeira física habitual, mas também uma gosma mágica e energética. Às vezes, entrar no chuveiro ou na banheira pode ser o caminho mais rápido para uma limpeza energética! Eu costumo manter incensos e velas no meu banheiro. Acendo-os quando sinto que preciso de um pouco mais de ajuda para me livrar da bagunça de um dia difícil, tanto do meu corpo quanto do meu sistema. Um truque simples é ficar debaixo de um chuveiro e imaginar todas as coisas que não servem mais saindo de você e sendo drenadas pelo ralo. Para aqueles com habilidades de visualização mais desenvolvidas, é possível imaginar o corpo envolto em uma fumaça cinza que se dissipa com a água. Feche os olhos, permita que a água escorra do topo da sua cabeça. Imagine a fumaça levando consigo toda negatividade. Deixe a água escorrer pelos seus poros indo até os pés, deixando-o vazio e purificado. Conforme a água continua a fluir, imagine-se sendo preenchida por uma luz reconfortante. Escolha uma cor que represente seu propósito, como rosa para amor ou verde para cura. Eu, por exemplo, gosto de visualizar a luz dourada do sol me envolvendo e me aquecendo com a água.

Você pode ser criativa em sua rotina de banho. Explore o prazer sensual e suas correspondências mágicas ao escolher sabonetes, óleos, bombas de banho e perfumes. Isso pode amplificar os trabalhos que está realizando para fins específicos ou simplesmente intensificar sua sensação de limpeza. É uma prática simples, mas eficaz para proporcionar bem-estar e manter-se energeticamente limpa. Se estiver com pressa ou precisar realizar magia sem tempo para um banho mágico, lave as mãos do mesmo jeito que faria no chuveiro. Imagine qualquer sujeira energética sendo lavada de sua pele e escoando pelo ralo com a água. Considere purificar suas mãos com sal para uma limpeza mais rápida e eficaz. Isso é algo que gosto de fazer quando estou prestes a realizar um ritual, mas não tenho muito tempo disponível. Além disso, é uma prática conveniente durante as viagens, pois é fácil encontrar pacotes de sal gratuitos em lanchonetes e postos de gasolina.

Blindagem

A blindagem é uma técnica mágica que estabelece uma barreira energética entre você e seu ambiente. Isso permite que você se proteja, selando-se da mesma forma que faria ao proteger um espaço, controlando quais energias são permitidas dentro e fora. Isso é algo que muitas Bruxas aprendem cedo e se destaca como uma das habilidades mágicas mais importantes a serem desenvolvidas. Especialmente relevante para a Bruxa de Touro, cujo foco natural no ambiente físico pode facilmente obscurecer a percepção de que está imersa em um ambiente espiritual também. Quem já teve a experiência de entrar em uma sala e imediatamente sentir que algo ruim aconteceu ali, sabe do que estou falando. A blindagem também é útil em situações sociais, quando há preocupação em ser dominada pelas energias das outras pessoas. Todos nós – a menos que estejamos trabalhando conscientemente para evitar isso – emitimos vários tipos de sinais energéticos mágicos, associado a tudo aquilo que transmitimos em nossa linguagem corporal, sejam coisas boas, sejam coisas ruins. Algumas pessoas são muito mais sensíveis a isso do que outras (as introvertidas, por exemplo, que frequentemente se sentem esgotadas após passar muito tempo com outras pessoas), mas é possível se ajudar protegendo-se com um escudo.

Existem muitas técnicas de blindagem. A minha favorita envolve simplesmente me imaginar dentro de uma bolha. Se você tem uma imaginação forte, essa pode ser uma imagem fácil de invocar. Mas se ainda estiver desenvolvendo suas habilidades de visualização, é útil fechar os olhos primeiro e começar a respirar profundamente e de forma constante, contando-as enquanto se permite relaxar. Quando sentir que está se acalmando, imagine tudo isso ao seu redor, a apenas alguns centímetros do seu corpo, formando uma bolha. Durante o tempo que estiver focada na barreira que a bolha cria, ela gradativamente ficará mais forte. Nada pode passar por ela, a menos que você permita. Cada expiração sua fortalece seu escudo, sua bolha. Assim que abrir os olhos, ela estará lá, mesmo que invisível. Quando precisar fortalecê-la, faça isso a cada respiração. Cada expiração contribui para a energia do seu escudo.

Você pode experimentar esta técnica. Eu sei de algumas Bruxas que se imaginam cercadas por amoreiras pretas espinhosas ou protegidas por uma parede de tijolos invisível. Outras preferem se imaginar rodeadas de luz. Eu gosto da bolha porque ela é sutil e não transmite necessariamente a mensagem de que estou inacessível. Cercar-se de roseiras bravas pode não ser a melhor aposta se estiver indo para uma festa apenas tentando não se desgastar muito – o que pode tornar mais difícil fazer amigos ou se divertir. Também não gosto de usar barreira de luz, às vezes eu acho que acabo atraindo acidentalmente coisas para mim, ao invés de dissuadi-las, o que na verdade era o que eu queria! Uma variação que experimentei com essa técnica é imaginar que a minha barreira de escudo é tão densa que eu nem consigo ser vista. Isso é ótimo quando se quer evitar chamar a atenção de alguém ou precisa sair de um lugar discretamente.

Caso você tenha afantasia ou dificuldade com outras formas de visualização, pode ser eficaz usar sua voz para se declarar magicamente protegida, é como dar um comando. Feche os olhos e respire profunda e lentamente enquanto declara em voz alta que está blindada e protegida de tudo o que possa feri-la.

Você pode escrever uma rima ou encantamento para esse propósito, mas não precisa ser nada sofisticado. Também é possível criar um gatilho físico para que não precise dizer nada. Provavelmente você já percebeu que cruzar os braços em seu peito sinaliza para os outros que está fechada ou pronta para sair de uma conversa. Você pode fazer isso conscientemente quando precisar ativar seu escudo, sabendo que, ao abaixar os braços, seu escudo permanecerá no lugar até que decida liberá-lo. Há espaço para criatividade aqui!

Blindar requer prática, e não há duas Bruxas que o façam exatamente da mesma maneira. Pratique em situações sociais e quando entrar em lugares desconhecidos. Com o tempo, você vai observar uma diferença entre quando está blindada e quando está totalmente aberta.

Meditação Esmeralda

Obtenha uma esmeralda, seja em forma de joia, seja como pedra bruta ou rolada. Passe-a por uma fumaça purificante, como a do incenso de olíbano, por exemplo. Pode colocá-la em um pouco de água pura para limpar, já que a esmeralda não é solúvel em água. Segure a pedra entre suas mãos e fique em uma posição confortável para meditar. Se puder, posicione suas mãos segurando a esmeralda no nível do coração ou no Plexo Solar. Feche os olhos e respire profundamente. Relaxe seu corpo e acalme sua mente.

Sinta o pulso da pedra entre as palmas de suas mãos, como se fosse um coração batendo; esta pedra pulsa com a energia vivificante da esmeralda. Enquanto a segura, imagine uma luz verde intensa, a mais vívida que conseguir imaginar, brilhando por entre seus dedos. Deixe essa luz penetrar em seu corpo, curando onde quer que esteja em contato com a pedra. À medida que a luz penetra em seu corpo, ela se espalha como uma esmeralda líquida, preenchendo cada parte, saturando seus ossos, músculos e órgãos, fluindo pelos seus dedos dos pés, subindo pelas pernas e enchendo o tronco e os órgãos internos, estendendo-se pelos braços até as mãos e, finalmente, ascendendo por seu pescoço e cabeça. Ao sentir-se inundada de luz esmeralda, perceba que tanto você quanto a pedra em sua mão estão irradiando luz verde para o mundo, como uma estrela verde cintilante. Recorde-se das lendas da Tábua de Esmeralda, repletas de sabedoria, e também do Santo Graal. Sinta a luz de sua estrela esmeralda abençoando o mundo e curando suas feridas de separação e dor.

O brilho da luz atingirá um pico, e então, à medida que seu corpo assimila o *viriditas*, a estrela brilhará com menos intensidade, retornando ao seu estado normal. O pulsar em suas mãos desaparecerá gradualmente. Você pode abrir os olhos suavemente e trazer sua consciência de volta para a sala, permitindo que o poder de cura flua através de seu corpo e do mundo.

O Coração Esmeralda da Cura

Por Christopher Penczak

A esmeralda é minha pedra favorita para chegar ao coração deste signo de Terra Fixa que é Touro. O conhecimento relacionado à esmeralda é repleto de magia, mistério e significados ocultos. Suas histórias carregam uma profunda sabedoria da terra, revelando os mistérios da encarnação em nossos corpos físicos. A Hermes Trismegisto, o três vezes grande, uma figura mítica da Tradição Hermética, é atribuída a criação da filosofia hermética conhecida como a "Operação do Sol" sobre uma laje de esmeralda, dando origem à Tábua de Esmeralda. A Tradição Luciferiana nos diz que na Guerra do Céu, a esmeralda da coroa do Portador da Luz foi arrancada de sua testa, prenunciando a queda dos anjos, espíritos das profundezas da Terra entre o mundo celestial acima e o mundo abaixo. A tradição oculta narra que essa esmeralda caída e a luz por ela irradiada deram origem às nossas raças feéricas. Um romance Arturiano relata que a esmeralda caída foi inserida no Cálice do Santo Graal. Segundo a narrativa, este cálice tem o poder de curar as feridas da Terra quando é encontrado, simplesmente perguntando a ele: "A quem serve o Graal?" O mito Salomônico afirma que esta esmeralda se tornou parte do anel do Rei Salomão, usado para comandar os espíritos na construção de seu Templo. Tudo isso sugere o mistério de nossa consciência surgindo no mundo e de nossas almas adentrando nossos corpos. Touro mantém uma forte e tensa relação com o corpo. A verdadeira lição para os indivíduos com o Sol em Touro é aprimorar sua conexão com a encarnação plena, abraçando tudo o que este mundo oferece – incluindo moradia, alimentação, recursos financeiros e todos os aspectos materiais da vida.

Associada ao mês de maio e ao signo de Touro, a esmeralda exibe um tom verde que exerce influência sobre Vênus, o planeta que naturalmente rege este signo. Seu vibrante verde ressoa com a vitalidade da natureza, evocando o Viriditas de Santa Hildegarda de Bingen, que via essa cor como a essência da verdadeira cura divina. A pedra verde é utilizada para restaurar e regenerar tanto o corpo quanto o espírito. Essa qualidade mágica é encontrada especialmente em esmeraldas brutas, que são menos translúcidas, porém ainda verdes. A esmeralda tem o poder de abrir o coração para o amor, trazendo paixão e renovação emocional pessoal. Como taurino, nenhuma outra pedra restaura a essência do meu âmago, minha saúde e meu bem-estar mais eficazmente do que a esmeralda.

O QUE TIRA UMA PESSOA DE TOURO DO SÉRIO E COMO ACALMÁ-LA

Thorn Mooncy

É preciso muito para deixar uma pessoa de Touro com raiva, e isso também é verdade em minha própria experiência. Posso ser excessivamente reservada e ter uma forte autodefinição, o que muitas vezes me leva a ficar irritada com pequenas coisas que os outros nem percebem. Não gosto que me apressem, preciso de mais tempo para me ajustar a grandes mudanças. Não suporto mentiras (mas isso não é verdade para todos?). No entanto, posso contar nos dedos as vezes em que realmente perdi o controle devido à raiva – é muito raro. Os taurinos geralmente têm uma fervura interior. Temos intensas irritações com coisas bobas. Podemos resmungar e insistir, mas geralmente estamos tão fundamentadas que podemos ignorar a maioria das coisas. Então, o que realmente me tira do sério como uma Bruxa de Touro?

Curiosamente, é esse profundo senso de enraizamento que causa minha maior frustração (viu? eu nem consigo chamar isso de raiva) em espaços mágicos: não suporto impraticabilidade! Como Bruxa, meu ofício é sobre impactar e aumentar minha vida real. Não tenho muita paciência para filosofias mágicas abstratas, cenários excessivamente teóricos ou extensos, rituais que exigem circunstâncias impossíveis, ingredientes difíceis de obter ou linguagem eufemística que são mais para confundir do que para informar. Gosto que as coisas sejam diretas, concisas, razoáveis, claras e imediatamente benéficas e de forma tangível. Minha magia tende a ser de natureza prática, visando sucesso no trabalho, melhoria das finanças, segurança do lar e daqueles que amo, oportunidades educacionais, cura de doenças e fortalecimento de relacionamentos, entre outros objetivos. Em comparação, existem outros tipos de feitiços e magia que se centram em coisas menos concretas, como alcançar estados mais elevados de consciência, ascender em direção a algum tipo de divindade ou estado divino de ser, ou apenas o que podemos pensar como autoaperfeiçoamento espiritual. Isso tudo não é necessariamente impraticável, mas tende a ser pelo menos mais difícil de medir e descrever. E também é muito difícil de entender para uma nova e jovem Bruxa, especialmente alguém que não veio de uma formação religiosa.

Os livros podem sugerir coisas como: "Agora, extraia a energia da terra e sinta as vibrações em seu centro de poder" (ou algo semelhante – acabei de inventar isso, mas você provavelmente já viu instruções similares). Eu ficaria totalmente perdida sobre o que significa essa orientação e o que eu deveria realmente fazer. Já aconteceu também de eu me sentir frustrada ao trabalhar com outras Bruxas, especialmente em comunidades grandes e abertas, que muitas vezes pareciam fora de foco para mim. Não havia nada mais desanimador do que ficar sentada conversando sobre magia, ou às vezes até planejando praticá-la, mas nunca realmente nos levantarmos para agir, ou que tudo perdesse o encanto após criarmos expectativas tão elevadas em reuniões elaboradas e preparativos minuciosos.

Em meus anos praticando Bruxaria tanto como uma Bruxa solitária quanto como membro de vários tipos de comunidades, aprendi a prestar atenção nas coisas que me incomodam. Geralmente, há lições a serem aprendidas quando você se sente irritada ou zangada. Às vezes, essas lições fizeram minha magia mais forte, e às vezes elas apenas me ajudaram a relaxar, sair e ter melhores experiências com outras pessoas. Na verdade eu percebi que ficava agitada toda vez que o lado pragmático do ofício era obscurecido pelo abstrato ou pelo desnecessariamente elaborado (bem, desnecessário para mim). Foi então que me tornei capaz de controlar meus sentimentos e realmente aprender com eles. Eu ofereço a você, minha companheira Bruxa de Touro, algumas dessas dicas agora!

Simplesmente Faça!

Às vezes, a coisa mais desafiadora na Bruxaria é simplesmente colocá-la em prática. Ler, estudar, teorizar e planejar são importantes, não me interpretem mal, mas não às custas de realmente experienciar as práticas. Tanto as Bruxas iniciantes quanto as mais experientes às vezes se sentem estagnadas, aguardando até sentirem que dominem uma nova ideia, ou à espera de circunstâncias ideais: ("eu farei isso quando estiver menos ocupada!"). Como uma Bruxa de Touro, você tem uma vantagem aqui. Suas sensibilidades pragmáticas provavelmente já mostraram que tendemos a melhorar fazendo, e isso é verdade para magia como para qualquer outra habilidade. Então, seja o que for, vá em frente! Aceite que o fracasso é provável se você estiver tentando algo pela primeira vez, e tudo bem. Afinal, isso significa que você pelo menos começou seu caminho para a melhoria! Se estiver trabalhando com outras Bruxas e sentir frustração pela falta de ação, seja a voz na sala que diz: "Ok, vamos lá!"

Se Algo Não Estiver Claro, Peça Esclarecimentos.

Os espaços de Bruxaria estão repletos de poesia, metáfora, jargão, grafias, frases arcaicas falsas e linguagem geralmente floreada por toda parte. Isso acontece porque muitos desses aspectos são atrativos para os praticantes, enquanto outros simplesmente desafiam uma explicação direta e concisa. E eu entendo! Mas não gosto de ter que percorrer palavras que parecem sem sentido para chegar ao ponto de alguma coisa, e aposto que você também não. Ao invés de ficar exasperada, lembre-se de que não há problema em dizer: "você pode explicar o que quer dizer com isso?" A maioria das pessoas não tem a intenção de não ser clara; sem contar que algumas Bruxas podem até tirar muito proveito da linguagem figurativa. Confie na sua paciência de taurina e simplesmente peça mais detalhes. "Costumo usar algumas frases muito úteis que incluem: "você se importaria de reformular isso? Não tenho certeza se entendi" ou "acho que o que você quer dizer é... está correto?" Ao escrever seus próprios feitiços e rituais, lembre-se de que não há problema em ser direta e simples em seu próprio texto. As coisas não precisam ser poéticas, elaboradas ou densas para serem significativas!

Seja Específica Com Seus Objetivos Mágicos.

Estabelecer metas específicas, tanto para si mesma quanto para o grupo e para cada indivíduo envolvido, muda totalmente o jogo. Isso poupará você da dor de cabeça de questionar se seus feitiços estão funcionando ou se todo o esforço como Bruxa é realmente eficaz. Afinal, como você pode decidir se algo foi eficaz se ainda não definiu o resultado desejado? Seu lado prático e pragmático agradecerá depois! Por exemplo, em vez de lançar um feitiço para "prosperidade" (como isso se parece exatamente?), concentre-se em um feitiço para obter algo específico que realmente precisa (um salário maior, um carro melhor, suas contas pagas todos os meses, etc.). Sua magia estará mais focada e você poderá responder com um definitivo sim ou não ao olhar para trás e se perguntar se um feitiço funcionou. A "prosperidade" é subjetiva e intangível, mas um aumento no trabalho é concreto e mensurável! Da mesma forma, evite definir objetivos vagos de desenvolvimento pessoal. Em vez de dizer "estou trabalhando para me tornar uma Bruxa melhor", tente "estou aprendendo um novo método de adivinhação para ampliar minha experiência" ou "estou lendo um livro adicional a cada mês para expandir minha base de conhecimento". Seja específica! Se você deseja alcançar algo, o primeiro passo é visualizar exatamente como esse objetivo se parece, elaborar um plano detalhado e, em seguida, começar a trabalhar para alcançá-lo.

Sempre Pergunte, "Como assim?"

O Touro pragmático e terreno geralmente não enfrenta problemas para se manter enraizado, mas isso não significa que você não vai se encontrar explorando outros reinos. Embora meu próprio mapa astrológico não seja dominado pelo elemento Ar, ainda assim sou uma estudiosa com anos de educação formal em todas as coisas intangíveis e aparentemente impraticáveis: religião, teoria crítica e literatura. São exatamente essas questões que levam as pessoas a me perguntarem: "que tipo de trabalho você consegue com esse diploma?" E aqui estou eu, compartilhando como minha frustração com assuntos triviais é desafiadora; no entanto, ainda assim, passo grande parte da minha vida imersa no reino das ideias, em vez de produzir algo que a maioria das pessoas possa reconhecer como útil ou valioso! Costumava ser uma fonte de intensa ansiedade o fato de que meu trabalho parecesse tão intangível, mas aprendi a navegar nessas aparente contradição e me reenraizar, fundamentando o abstrato no concreto e constantemente fazendo a pergunta: "Como assim?" Por exemplo, "Como essa ideia impacta a vida cotidiana?" Quais implicações práticas ela têm?" O quão benéfico é isso?" Por mais pragmática e direta que você seja como uma Bruxa, às vezes pode se perder em conceitos e ideias inebriantes e difíceis enquanto explora outros sistemas, conhece outras praticantes e se desenvolve em sua prática. Fazer essas perguntas básicas e diretas a manterá aterrada e garantirá que sua magia continue a ter impacto no mundo real e a produzir resultados visíveis.

A Bruxaria é um conjunto de elementos para muitos praticantes. Cada geração de Bruxas traz suas próprias novas perspectivas. Para alguns, a Bruxaria é um elaborado sistema de iniciação religiosa. Para outros, é um ofício secular – uma ferramenta mágica criada para realizar objetivos específicos. E ainda mais, é uma perspectiva devocional que promove o amor pela Terra e nosso lugar no mundo natural. Tudo isso e muito mais é igualmente verdadeiro, dependendo de onde estamos. Você certamente desenvolverá suas próprias fortes opiniões sobre isso, se ainda não as tiver! Mas as minhas próprias tendências taurinas me deixam irritada e exasperada quanto mais a conversa se afasta do aqui-e-agora. Posso argumentar e teorizar com os melhores, e às vezes gosto de me perder nas ideias, mas no final do dia, para mim, Bruxaria é mudar o mundo em que eu vivo. E isso acontece quando estou praticando magia, não apenas pensando ou falando sobre isso.

Se você alguma vez se deparar com as mesmas frustrações que experimento, apenas lembre-se de reformular as coisas e estabelecer parâmetros tangíveis quando precisar deles. Procure colocar novas técnicas e ideias em prática. Defina medidas específicas para que possa realmente ver seu progresso. Além disso, trabalhe para encontrar maneiras de integrar sua prática à sua vida cotidiana. Afinal, é muito fácil se perder em sua própria mente ou em cada pensamento filosófico e conversa que tiver com os outros. As Bruxas operam em muitos mundos, e todos são importantes, mas as Bruxas de Touro provavelmente encontrarão maior satisfação ao observar mudanças tangíveis em seu dia a dia.

UMA BREVE BIOGRAFIA DE MARION WEINSTEIN

* * *

Selena Fox

Marion Weinstein era uma figura multifacetada na cidade de Nova York, atuando como Bruxa, Sacerdotisa, Escritora, Apresentadora de rádio, Comediante, Artista e Professora. Nascida em uma lua nova, em 19 de Maio de 1939, no Queens, Nova York, Marion foi a mais velha de três filhas em uma família judia. Ela mantinha uma relação próxima e um vínculo psíquico com sua mãe, Sylvia Linder Weinstein. Desde tenra idade, Marion sentia uma forte identificação com a Bruxaria e trabalhava com a Deusa Diana. O *Halloween/Samhain* era sua época favorita do ano.

Marion tinha paixão pela escrita; durante o ensino médio, ela escreveu *The Witch's Cat*, publicado em uma revista nacional. Após concluir o colegial, Marion visitou a cidade de Pompeia, onde se conectou com o antigo Paganismo.

Durante seus estudos no Barnard College, ela explorou literatura, atuação, dança, cinema e voz. Marion escreveu *The Girl from Salem*, uma comédia musical sobre Bruxaria, que foi produzida no campus. Ela se formou com Bacharelado em Literatura Inglesa e posteriormente estudou cinema na Universidade de Columbia. Após se mudar para Los Angeles, Marion trabalhou como animadora e artista comercial por dois anos, antes de retornar à cidade de Nova York, onde continuou seus estudos em artes cênicas e se tornou parte de uma trupe de teatro.

No final dos anos 1960, Marion e um grupo de pessoas começaram a praticar Bruxaria como religião, resultando na fundação da Tradição Earth Magic Dianic. Em 1969, ela iniciou seu trabalho em uma rádio com seu próprio programa, *Marion's Cauldron*, na WBAI, na cidade de Nova York. Seu show, que durou quatorze anos, foi o primeiro programa semanal de rádio Pagão nos Estados Unidos. Em 1978, o primeiro livro de Marion, *Positive Magic: A Guide to Spiritual Theory and Practice*, foi publicado. Nesta e em outras obras, Marion, também conhecida como a "Bruxa da Ética", enfatizou a importância de usar a magia para bons propósitos.

Ainda em 1978, Marion começou a trabalhar profissionalmente como comediante em casas noturnas. Ela usava a Bruxaria em sua rotina. Ao longo dos anos, escreveu uma variedade de livros e artigos, fez gravações de áudio e vídeo, apresentou palestras e cerimônias e fez aparições na mídia.

De 2001 a 2005, seu programa de rádio *Marion Weinstein Live!* estava na Voz da América. Ela organizou e produziu uma celebração anual do *Samhain* na Noite de *Halloween*, em Nova York.

Marion tinha um maravilhoso senso de humor, um coração amoroso e uma mente brilhante. Ela amava a natureza e era uma ativista pela paz mundial, pela liberdade religiosa e pelos direitos da religião Pagã. Morando na casa de sua família, perto de Atlantic Beach, Long Island, ela era ativa no resgate de animais e cuidava de muitos cães e gatos. Gostava de jardinagem, alimentava os cisnes, nadava e fazia longas caminhadas perto da água. Após um longo período enferma, Marion morreu em 1° de Julho de 2009.

Um memorial privado para a família foi realizado em 1° de agosto nas proximidades de sua casa. Em 26 de setembro, um memorial público foi realizado na cidade de Nova York como parte do Dia do Orgulho Pagão. Marion era uma amiga querida e apoiadora de longa data do Circle Sanctuary. Em 31 de outubro, dedicamos um memorial de pedra em sua homenagem em uma cerimônia de *Samhain* em nosso cemitério nacional Pagão, em Wisconsin, e celebramos a magia positiva que Marion trouxe ao mundo.

Alguns Ocultistas do Signo de Touro

ROBIN ARTISSON

Bruxo Tradicional e Feiticeiro

(21 de abril de 1975)

ED FITCH

Alto Sacerdote Gardneriano e escritor

(29 de Abril de 1937)

DEBORAH LIPP

Alta Sacerdptisa Gardneriana e escritora

(04 de Maio de 1961)

WALTER MERCADO

Astrólogo, vidente e personalidade da TV

(25 de Abril de 1931)

DOROTHY MORRISON

Alta Sacerdotisa Georgina e escritora

(06 de Maio de 1955)

JANE ROBERTS

Escritora, vidente e médium espírita

(08 de Maio de 1929)

CATHERINE YRONWODE

Praticante de Hoodoo e escritora

(12 de Maio de 1947)

O BALANÇO DO SEU SIGNO LUNAR

Ivo Dominguez, Jr.

A Lua é o reservatório de suas emoções, pensamentos e todas as suas experiências. É ela que guia seu subconsciente, seu inconsciente e seu instinto de resposta no momento. A Lua serve como a autora, a narradora e a trilha sonora do filme em andamento na sua mente, que resume e mitifica sua história. É como um espelho de vidência, um poço sagrado que dá respostas para a pergunta sobre o sentido de sua vida.

O estilo e a perspectiva do seu signo lunar moldam sua história; uma história que começa como um reflexo do ímpeto do seu signo solar.

A lembrança dos eventos de sua vida é uma história subjetiva condensada; é o seu signo lunar que resume e categoriza o fluxo de dados de sua vida.

Na Bruxaria, a Lua é nossa conexão e guia para as marés físicas e energéticas da natureza, o Plano Astral e outras realidades. A Lua nos céus, enquanto se move através de sinais e fases, também puxa e empurra sua aura. Em seu mapa astral, a Lua revela as qualidades intrínsecas e padrões em sua aura que afetam a forma da sua magia. Seu signo solar pode ser a fonte de sua essência e poder, mas seu signo lunar mostra como você usa esse poder em sua magia. Este capítulo descreve os doze arranjos possíveis do signo lunar com um Sol em Touro e o que cada combinação produz.

♈

Lua em Áries

Esta Lua abrasadora intensifica a natureza de Touro, tornando-a mais enérgica e propensa a agir. Já o Sol em Touro sugere que proceda com calma. Essa dicotomia pode resultar em uma desconexão entre os pensamentos e as emoções dessa nativa. Muitas vezes, essa taurina se pega dizendo ou fazendo algo que a surpreende, levando-a a se questionar de onde veio tudo isso. A resposta reside na Lua indisciplinada de Áries. Se você tem a Lua em Áries, não ignore ou descarte esses momentos como impulsos aleatórios; eles revelam verdades sobre você e suas necessidades. Use-os para descobrir mais sobre suas motivações e sentimentos. Essa grande força de personalidade significa que você pode convencer as pessoas ou manipulá-las para que façam as coisas do seu jeito. No entanto, alcançar o que deseja não garante necessariamente a satisfação e pode resultar em um sentimento de perda. Torne-se consciente de seus sentimentos e motivações para que possa se tornar mais desapegada e calma. Ao trabalhar com outras pessoas, concentre-se na melhor forma de resolver problemas e buscar objetivos. Suas ações serão suficientes para persuadir as pessoas a ajudá-la, mas permita que elas o façam à sua maneira.

Quanto mais entender suas paixões e emoções, mais será capaz de transformar sua personalidade para alcançar paz, satisfação no trabalho e alegria de viver. Quando seu Touro e Carneiro interno se reconhecem e confiam um no outro, você se torna uma força imparável para o bem. A tenacidade de Touro e a paixão de Áries podem ser aplicadas em qualquer empreendimento que você escolher. Seja explorando um novo campo de estudo, liderando, fazendo palestras motivacionais, sendo um pai exemplar ou realizando praticamente qualquer outra coisa. Funciona assim. Para dar o seu melhor, sua mente e seu coração devem estar alinhados. Se você começar a vacilar, recorra ao poder de sua Lua em Áries.

Como todas as Luas do elemento Fogo, uma Lua em Áries se estende facilmente para se conectar com a energia de outros seres. As qualidades ígneas limpam e protegem sua aura, evitando que capte detritos emocionais de outras pessoas ou seja influenciada pelo ambiente ao seu redor. É relativamente fácil para você misturar sua energia com a de outros e separá-la de forma clara. No entanto, é importante ter cuidado para não gastar excessivamente sua energia ou se queimar. Seu Sol em Touro facilita a modelagem e o gerenciamento do fluxo de seu poder. Essa energia terrena proporciona mais firmeza e estabilidade aos seus esforços mágicos.

♉

Lua em Touro

Esta combinação oferece uma dupla dose de energia de Terra Fixa, apresentando tanto aspectos positivos quanto desafiadores de sua natureza de Touro, o que leva a taurina a se tornar mais generosa ao dedicar seu tempo aos outros. Se você tem essa combinação em seu mapa, certifique-se de deixar os outros saberem que se importa com eles; nem sempre certas ações são suficientes para todos. Pode ser que você fique um pouco tímida até se sentir segura com as pessoas ao seu redor. À medida que envelhecem, as nativas de Touro se tornam mais atenciosas, confiantes e cuidadosas ao fazer suas escolhas. São pessoas fáceis de lidar, pois tem bom senso e aconselhamentos pragmáticos. Podemos dizer que a lealdade mútua é importante para elas. Ser nativa de Touro duplamente pode torná-las extremamente determinadas – talvez até teimosas às vezes, mas se isso é demais ou de menos, vai depender se suas ações correspondem às suas intenções.

A Lua exaltada em Touro favorece o sucesso e a boa sorte. A influência taurina da Lua e do Sol proporciona facilidade na compreensão das propriedades dos objetos materiais e como eles funcionam na vida mundana. Pergunte a si mesmo em cada situação se o seu desejo de estabilidade provoca o inverso a longo prazo. Escolher o caminho do meio é uma questão de gerenciamento de risco, não a sua prevenção. A taurina com a Lua em Touro exala responsabilidade e competência, oferecendo-lhe a chance de provar a si mesma e ganhar autoridade. Ela tem as ferramentas necessárias para ter sucesso em quase tudo o que escolher fazer. Seu ponto fraco é que ela não gosta de correr riscos, o que pode limitar suas realizações na vida pessoal e pública. Se você tem esta combinação, deve perguntar a si mesma em cada situação se o seu desejo de estabilidade pode, a longo prazo, resultar no oposto. Escolher o caminho do meio envolve gerenciar riscos, não os evitar. Uma Lua de Touro, como todas as Luas do elemento Terra, gera uma aura que é magnética e atrai energia interior. Esta Lua também facilita a criação de fortes escudos e guardas robustas. A aura das pessoas com a Lua em Touro é excelente para manter ou restaurar um padrão ou atuar como um recipiente ou vaso em um trabalho. Geralmente, as pessoas com Lua em Touro têm menos flexibilidade em suas auras. Você pode trabalhar para melhorar essa flexibilidade, mas uma solução rápida é criar novos limites ou um recipiente maior. Com algum esforço, você pode fazer a viagem da alma, mas geralmente é melhor agir como um ímã ou um recipiente para atrair espíritos para si mesma, tornando-se o destino em vez de ser o viajante.

♊

Lua em Gêmeos

Tudo se move rapidamente para uma Lua em Gêmeos – pensamentos, palavras, sentimentos e assim por diante. Isso está em desacordo com o ritmo mais lento e deliberado que o seu Sol em Touro prefere. Como resultado, essa taurina pode se sentir agitada, instável e sem fundamento, o que não está alinhado com as preferências do seu Sol em Touro. No entanto, quando a nativa de Touro direciona aquela curiosidade inconstante, concentrando energia em tarefas práticas, como ganhar dinheiro, aprender coisas novas e buscar seus sonhos, isso se torna a base da vida que ela quer. O Ar instável e Mutável de Gêmeos combinado com a Terra Fixa de Touro significa que essa taurina observa todos os detalhes, o que pode ser uma característica valiosa, porém pode levá-la a encontrar falhas e defeitos em tudo. Pessoas com essa combinação devem fazer um plano para não serem excessivamente críticas consigo mesmas ou com os outros. Devem usar sua mente rápida e sensível para encontrar soluções, planejar e improvisar conforme necessário.

Essa configuração astrológica torna a taurina mais extrovertida e sociável do que a maioria das outras nativas de Touro. Sua Lua em Gêmeos facilita ser uma contadora de histórias e uma tagarela. Suas narrativas parecem reais, mesmo quando não são, porque seu Sol em Touro acrescenta os detalhes certos ao seu fluxo lunar de Gêmeos. Ela é encantadora quando deseja. Além disso, sabe escolher a vestimenta adequada para causar o impacto desejado. Seu Sol em Touro não deseja ser arrastado para todos os ambientes sociais que sua Lua em Gêmeos almeja. Isso pode fazer com que essa taurina fique um pouco mais mal-humorada e espinhosa do que a maioria das outras ao passar muito tempo rodeada de pessoas. Ela vai querer estudar uma ampla gama de tópicos, mas deve certificar-se de fazê-lo de maneira estruturada se quiser que o conhecimento permaneça. Aprender é um de seus caminhos para a iluminação.

A Lua de Gêmeos, como todas as Luas do elemento Ar, torna mais fácil de se envolver em viagens da alma e psiquismo e dá a aura maior flexibilidade. Quando a aura de Ar se estende e toca em algo, ela pode ler e copiar rapidamente os padrões que encontra. Essa taurina tem o poder de emocionar, despertar, relaxar e encantar outras pessoas com sua energia. A combinação Touro-Gêmeos está cheia de magnetismo animal e mesmerismo. Uma Lua em Gêmeos confere à taurina a capacidade de se adaptar e responder rapidamente às mudanças nas condições de energia no trabalho de magia ou ao usar os sentidos psíquicos. No entanto, ela pode sentir intensamente atmosferas espirituais turbulentas, o que pode ser desconfortável ou até prejudicial. Assim como um vento pode pegar e carregar poeira e detritos, isso também é verdade para uma aura. Se você tem esta combinação e precisa limpar sua energia, apenas fique em silêncio; os detritos simplesmente cairão de sua aura.

♋

Lua em Câncer

Esta Lua encoraja a nativa de Touro a direcionar sua energia para as necessidades dos outros. Mais emocional e sensível do que a maioria das outras taurinas, ela prefere a diplomacia ao conflito. É importante que tenha cuidado para não se negligenciar em prol dos outros. O objetivo é encontrar um equilíbrio entre ser forte e sensível, mantendo bons limites consigo mesma e com os outros. Quando magoada ou rejeitada, é propensa a reprimir a dor. É fundamental não permitir que as escolhas alheias a levem ao caminho do cinismo ou pessimismo. Se você é uma taurina com a Lua em Câncer, é importante trabalhar para seguir em frente e liberar as emoções que a acorrentam ao passado, assim, você se tornará mais saudável e feliz. Um lar que seja um lugar de conforto e segurança é essencial para o seu bem-estar. Em momentos de dúvida, você pode aplicar suas energias para aninhar e criar um lar melhor. Quando tem uma base sólida, nada lhe agrada mais do que oferecer conforto e carinho para os outros.

Essa combinação é um grande presente, unindo a energia sólida e constante de Touro com a energia intuitiva de Câncer. Na vida profissional, essa taurina se destaca especialmente como planejadora ou solucionadora de problemas. Sua imaginação prática pode ser de grande utilidade e ela é capaz de suportar muitas situações, mas quando explode, não é bonito de se ver e pode até prejudicar sua reputação. Se este é seu caso, tente falar a verdade com mais frequência para evitar surtos repentinos. A Lua é o planeta regente de Câncer, por isso tem mais poder aqui. Esse posicionamento, combinado com Touro, projeta autoconfiança e integridade.

A Lua em Câncer, assim como todas as Luas do elemento Água, confere à aura uma atração magnética, buscando se fundir com o que estiver ao redor. Imagine duas gotas de água se aproximando cada vez mais, até que, mesmo mal se tocando, elas se juntam para formar uma gota maior. A aura de uma pessoa com Lua em Câncer tem mais probabilidade de reter os padrões e as energias que toca. Isso pode ser vantajoso ou problemático, dependendo do que é absorvido. Essa dinâmica é importante mesmo ao trabalhar individualmente. Às vezes, o último feitiço ou ritual que foi realizado pode ficar preso na mente como uma música repetida. É importante tomar cuidado extra para se limpar e se purificar antes e depois do trabalho mágico, sempre que possível. Um presente que vem com esta Lua é a capacidade de estabilizar e apoiar a energia de outras pessoas. A nativa de Touro com esta Lua é uma curadora que pode acalmar problemas psíquicos e choques emocionais.

♌

Lua em Leão

O autorrespeito e a autoestima estão no centro de tudo o que essa taurina faz. A Lua em Leão é Fogo Fixo e Touro é Terra Fixa, o que traz solidez para o conhecimento do grande potencial que essa nativa tem dentro de si. Ela também possui a determinação para fazer o que quiser. Seu desafio é restringir seus objetivos, pois não pode criar mais horas no dia. As nativas de Touro com a Lua em Leão brilham com otimismo e fé de que as coisas acabarão seguindo o caminho certo e adoram defender e apoiar pessoas e causas. No entanto, precisam trabalhar para ouvir os outros e receber informações. Elas têm pensamentos e opiniões sobre tudo, seus instintos são muitas vezes certos, mas podem aprender coisas novas e ganhar aliados respeitando melhor as experiências das outras pessoas.

Taurinas com essa combinação nunca são chatas e atraem a atenção mesmo quando não fazem nenhum esforço para isso. Elas gostam de tudo um pouco maior que a vida. Sua Lua em Leão anseia por reconhecimento, mas seu Sol em Touro anseia por segurança. Quando há uma crise, seu Sol e Lua trabalham juntos para chegar a resoluções criativas e inovadoras. Isso pode levá-las a um amor por cenários cheios de adrenalina e à admiração que vem quando se salva o dia. Porém, é bom lembrar de que nem todas as aventuras e empreendimentos exigem apostas altas e frequências cardíacas elevadas. É importante encontrar amigos e parceiros que lhes digam o quanto são importantes para eles. O cuidado dessas pessoas é o que as mantém aterradas. Em troca, são leais e sentimentais e têm um sentido expandido do valor que a família tem para elas. Uma Lua em Leão, como todas as Luas do elemento Fogo, facilmente se estende para se conectar com a energia de outros seres, embora um pouco menos que Áries e Sagitário. As qualidades ígneas limpam e protegem sua aura de captar os detritos emocionais de outras pessoas ou de ser influenciada pelo ambiente. É relativamente fácil para essa nativa misturar sua energia com outras e separá-la de forma limpa. A influência da Lua em Leão torna ainda mais fácil encontrar o centro e permanecer centrado. O Fogo Fixo de Leão simplifica a retenção de grandes quantidades de energia que podem ser aplicadas a trabalhos individuais e coletivos. Seu Sol em Touro proporciona grande resistência. Essa taurina é particularmente adequada para a liderança ritual ou para o papel de ser a modeladora primária da energia em um trabalho. Essa combinação também torna mais fácil para ela criar objetos encantados, amuletos, arte e assim por diante. As artes e os ofícios tornam-se ferramentas de magia em suas mãos.

♍

Lua em Virgem

Essa combinação oferece uma dose dupla de energia de Terra, porém Mutável para Virgem e Fixa para Touro. Isso geralmente resulta em alta competência e sólidos princípios para essa taurina, que se concentra nos detalhes enquanto planeja e executa suas tarefas, pois tem aversão a erros e enganos evitáveis. Quando solicitada a dar conselhos, ela é prática e adaptada, ajustando-se às circunstâncias da pergunta. Às vezes, pode se irritar e se distrair com detalhes pequenos e imperfeições. É útil para ela ter pessoas que a orientem a ampliar sua visão e observar o quadro geral. As nativas de Touro com a Lua em Virgem adoram ler e pesquisar, tornando-se estudantes vitalícias. Seu desejo de entender o máximo possível sobre tudo também se estende às pessoas que fazem parte de suas vidas.

Se uma pessoa tem essa combinação e se encontra estagnada e em crise, não é porque ela é preguiçosa; na verdade, ela precisa de um prêmio digno de seus esforços. Onde quer que essa taurina coloque seu tempo, precisa ser recompensador. Ela pode se deixar envolver em seu senso de dever por um longo período, mas isso não pode durar para sempre. Buscar conselhos de amigos mais excêntricos ou imaginativos pode ser uma maneira eficaz de sair da rotina. As taurinas com a Lua em Virgem têm um forte intelecto e muitas vezes são mais sábias do que suas idades, mas costumam acreditar nas palavras das pessoas e ficam desapontadas. Basta manter uma lista das pessoas cujas palavras e ações precisam de verificação. O autoaperfeiçoamento é a principal diretriz em suas vidas. Não espere que seus amigos e parceiros tenham esse princípio como diretriz principal. Se elas se sentem felizes e seguras com isso, então está tudo bem. Além disso, seu bom exemplo servirá melhor do que palavras.

Uma Lua em Virgem, como todas as Luas do elemento Terra, gera uma aura que é magnética e atrai energia interior. Essa Lua também facilita a criação de formas de pensamento fortes e geradoras de energia.

As taurinas têm escudos fortes, mas se violados, tendem a manter o padrão de estar ferido. Obter alguma ajuda de cura ou a recuperação pode demorar mais do que deveria. As Luas de Virgem são melhores em perceber e compreender esses padrões e processos em auras, energia, feitiços e assim por diante. Associadas ao Sol em Touro, podem ser muito boas em detectar o que está errado e encontrar uma maneira de remediar a situação. Psicometria, a leitura da história de um objeto, radiestesia, trabalho com tábuas espirituais e trabalho com pêndulo são ajudados por esta combinação. A magia que envolve seu sentido de tato funciona melhor.

♎

Lua em Libra

Assim como Touro, Libra também é regida por Vênus, o que traz uma dose dupla dessa energia. Isso proporciona às taurinas uma apreciação mais rica da beleza e da sensualidade, tornando mais provável que se importem com o que os outros pensam sobre elas. Tanto Libra quanto Touro amam o baixo nível de estresse e um ambiente alegre. As nativas de Touro com a Lua em Libra tratam os outros com gentileza e respeito e esperam receber o mesmo tratamento. Infelizmente, o mundo muitas vezes é menos do que gostariam que fosse. Meditação, longas caminhadas, ouvir música e coisas desse tipo são necessárias para redefinir sua fé no que o mundo poderia ser. Para muitas mulheres com essa combinação, criar harmonia e beleza faz parte de sua missão de vida. As coisas tornam-se complicadas quando há conflitos. Elas odeiam brigas e não têm muita tolerância para incerteza e tensão social. Certifiquem-se de reunir um bom grupo de amigas e colegas. Elas vão ajudá-las a se intensificar, a dizer não e a manter suas decisões.

Esta combinação torna mais difícil para a taurina fazer planos e permanecer no caminho certo. Ela é puxada e levada em muitas direções pelas necessidades e desejos de outras pessoas. Precisa trabalhar para ser mais assertiva e procurar a si mesma. Seu sólido Sol em Touro ajuda a dar um passo à frente e liderar quando sua Lua em Libra não é adequada para lidar com as coisas. Deixe que a Lua em Libra saiba que está tudo bem. Esta nativa é tão inerentemente simpática e charmosa que sempre será perdoada.

Normalmente, as taurinas com a Lua em Libra são gentis e compreensivas, mas quando ficam agitadas e mal-humoradas é porque foram forçadas demais. É hora de se retirar para um lugar tranquilo para cuidar de si mesma. Além disso, essa taurina não deve esquecer quanta alegria e energia ela obtém das artes e das coisas bonitas.

A Lua de Libra, como todas as Luas de Ar, facilita o envolvimento em viagens da alma e psiquismo, dando à aura maior flexibilidade. Trabalhar bem com a Lua em Libra pode permitir que ela seja um canal neutro e claro para informações vindas de espíritos e outras entidades, além de sintonizar pedidos não falados ao fazer o trabalho divinatório. As auras das pessoas com Lua em Libra são muito capazes de superar e equalizar as diferenças entre os corpos sutis de grupos de pessoas. Isso permite que ela traga ordem e harmonia às energias levantadas e moldadas em um ritual de grupo.

♏

Lua em Escorpião

Esta é uma combinação intensa, pois Touro e Escorpião são opostos um ao outro no zodíaco. Essa junção é repleta de contradições que devem ser equilibradas. Há fortes paixões e um desejo de explorar e compreender profundamente as coisas. Além disso, existe um anseio por uma vida cotidiana tranquila e serena. A taurina com a Lua em Escorpião deseja estar próxima das pessoas, embora também esteja preocupada com o receio de que possam não gostar de conhecê-la profundamente.

Escorpião é a Água da Modalidade Fixa, uma água sob pressão, o que torna suas emoções tão fortes que ela se preocupa em deixá-las sair. Essa nativa é muito boa em ler as pessoas e ver o que realmente está acontecendo no mundo, o que pode deixá-la com raiva ou desapontada às vezes. Tudo isso parece difícil, e é, mas também pode lhe dar forças e profundidades incomuns. Trazer esses polos opostos em equilíbrio é fundamental, e essa taurina tem tudo o que precisa para alcançar seus objetivos. Quando alguém afirma ter ao mesmo tempo o Sol em Touro e a Lua em Escorpião, sabe que está em contato com as verdades terrenas e os profundos mistérios espirituais. Essa pessoa certamente assume características de tranquilidade, centralidade e inabalabilidade, tornando-se a escolha ideal para enfrentar quaisquer circunstâncias. Além disso, demonstra uma resistência incrível e o poder de atrair e inspirar os outros. É importante para ela criar o hábito de se voluntariar para estar no comando. Essa taurina realmente prefere fazer os planos e dar as ordens. Ela costuma se esforçar para oferecer o seu melhor, mas deve garantir que sua paixão pela competição não resulte em derrota mesmo quando vencer. Essa nativa precisa de um tempo sozinha, mas ser solitária pode ser perigoso. Conversas rasas e tendências passageiras a desencorajam, fazendo com que possa descartar alguém antes mesmo de o conhecer. Para algumas pessoas, a conversa fiada é uma defesa; esperar e fazer as perguntas certas trará alguns amigos de bom coração. Uma Lua em Escorpião, como todas as Luas do elemento Água, confere à aura uma atração magnética que busca se fundir com o que estiver por perto. A nativa de Touro com a Lua em Escorpião absorve facilmente informações sobre outras pessoas, espíritos, lugares e assim por diante. Se não for cuidadosa, essas informações e emoções irão se repetir em sua mente. O caminho para a purificação é sentir as coisas plenamente para que possa libertá-las. Ter dois signos Fixos significa que essa taurina tem mais habilidade com feitiços repetidos com o objetivo de construir, do que com magias prontas feitas apenas uma vez.

♐

Lua em Sagitário

Esta Bruxa tem uma natureza mais desamarrada e desprovida de fantasias do que suas companheiras com o Sol em Touro. Ela anseia por emoção e aventura; se não puder se aventurar hoje, deseja ouvir as experiências de outras pessoas. Embora adore se divertir, também é ambiciosa, determinada e orientada por objetivos. Com princípios elevados, essa taurina aprecia se ater aos seus ideais. Ela demonstra tolerância em relação às crenças dos outros, embora possa enfrentar dificuldades em momentos informais nos quais a formalidade seja necessária. Internamente, ela forma julgamentos e opiniões sobre uma variedade de assuntos e indivíduos, mas na maioria das vezes consegue mantê-los para si mesma. No entanto, se alguém lhe fizer uma pergunta direta, tudo vem à tona. Quando escolhe agir para o bem no mundo, busca a abordagem mais prática e mantém sempre a compaixão em mente. Ama tanto a sua liberdade que às vezes, isso pode colocá-la em desacordo com figuras de autoridade. Também torna mais difícil estabelecer-se como uma parceira de longo prazo, a menos que respeitem tudo o que ela é. Essa taurina pode ser muito dedicada com a pessoa certa. À medida que envelhece, ela poderá se tornar a sábia Anciã local que é igualmente gentil e rabugenta, se assim se permitir. Isso é importante para gerenciar sua reputação.

Se você é uma taurina com a Lua em Sagitário, é provável que possua uma abundância de energia e resistência. No entanto, é fundamental que aprenda a reconhecer seus limites. Frequentemente, sua mente está repleta de uma infinidade de pensamentos, por isso, manter listas, estabelecer prazos e manter-se organizada é essencial. A autodisciplina pode não ser uma das suas habilidades naturais, mas é algo que pode ser desenvolvido com esforço. Caso contrário, há o risco de procrastinar, esquecer detalhes importantes e perder o foco em seus objetivos. As auras das pessoas com Lua em Sagitário são as mais adaptáveis entre as Luas de Fogo. Sua energia pode chegar longe e mudar de forma facilmente. Essas pessoas são particularmente habilidosas em influenciar a energia de outros indivíduos ou até mesmo a atmosfera de um ambiente. Como outras Luas de Fogo, elas possuem uma capacidade natural de se purificar, mas esse processo não ocorre automaticamente e requer uma escolha consciente da pessoa para se dedicar à autolimpeza e renovação energética. Isso ocorre, porque o Fogo Mutável de Sagitário é variável e pode ir de uma pequena brasa a um pilar de fogo que atinge o céu. Sua magia se beneficia de gestos, ajustes na postura, movimento e qualquer coisa que envolva seu corpo físico. A aura de Sagitário é guiada pelo seu Sol em Touro, conectando-se com a terra que é o seu corpo.

♑

Lua em Capricórnio

Esta dose dupla de energia terrena traz o dobro dos dons e dos desafios para as Bruxas que já têm o signo de Terra. Elas precisam sentir que estão no controle e que têm todos os recursos materiais para levar a vida que desejam. Isso pode direcioná-las a trabalhar duro e obter segurança e conforto. Também pode levá-las a se bloquearem em relação a preocupações e dúvidas sobre suas capacidades. Essas taurinas têm muito bom senso; quando o seguem, podem superar quase qualquer problema. Se você tem essa combinação, é importante expressar o que sente, pensa e precisa. Compartilhar essas informações possibilita trabalhar as coisas externamente. Manter tudo guardado dentro de si diminui suas chances de felicidade e pode afastar as pessoas. Ser aberta e honesta pode torná-la encantadora, atraindo e mantendo amigas fiéis, que são parte essencial da sua vida.

As nativas de Touro com a Lua em Capricórnio têm uma força tremenda para tornar o mundo ao seu redor melhor quando confiam em si mesmas. Essa combinação proporciona um excelente entendimento do público e das dinâmicas de grupo. Quando estão indo bem, elas são pacientes, compreensivas e estáveis, e sabem como trazer à tona o melhor nos outros. Aplicar essa mesma paciência a si mesmas e a quaisquer atrasos em seus planos vai ajudá-las a evitar períodos recorrentes de melancolia. É preciso ter fé para chegar onde quer estar. Lembre-se de que o que parece ser um sucesso instantâneo realmente aconteceu depois de anos de trabalho e adversidades. É importante fazer o que gosta apenas por prazer para recarregar as baterias. Essas taurinas são criativas e precisam dar tempo para que essa parte delas floresça também. Experiências memoráveis terão mais valor do que posses a longo prazo. Elas não dependem de coisas materiais para seu conforto.

Uma Lua em Capricórnio, como todas as Luas do elemento Terra, emite uma aura magnética que atrai e retém energia. O que ela atrai tende a grudar e se solidificar, então é importante ter cuidado, especialmente ao realizar trabalhos de cura ou limpeza. A magia de uma Lua em Capricórnio é excelente para estabelecer padrões ou criar receptáculos em trabalhos mágicos. Seus feitiços e trabalhos tendem a ser duradouros, e aqueles relacionados à criação de abundância são particularmente favorecidos. Essa combinação também é benéfica para trabalhar com animais e espíritos animais.

♒

Lua em Aquário

A Lua em Aquário torna essa taurina inclinada à introspecção, à contemplação e à busca pelo autoconhecimento. Isso se deve, em parte, à sua busca pela objetividade, que a leva a compreender suas próprias inclinações e suposições. Fazer um autoexame não é apenas um exercício mental; isso ajuda a entender o mundo para que se possa agir de acordo. O Sol em Touro nunca deixa sua nativa esquecer das preocupações práticas. Formalmente ou informalmente, é provável que ela estude uma ou mais das ciências sociais ou da política. Ter o Sol e a Lua em elementos Fixos traz confiança e força; conhecer a si mesma lhe dará adaptabilidade. Essa taurina parece única e intrigante; alguém cujas palavras são muito bem pensadas. Ela sabe debater de forma amigável e muitas vezes conquista os outros para a sua posição. Vê e sabe o suficiente sobre a natureza humana para aplicar bastante influência sobre as pessoas, mas seu código pessoal a impede de fazer isso. Na verdade, se presenciar pessoas sendo enganadas ou manipuladas, essa nativa sente o chamado para trazer uma luz ao problema. Se ela acreditar que tem uma missão nesta vida, provavelmente terá.

Romântica, um tanto sentimental, provavelmente começou a atrair parceiros bem cedo na vida. Taurinas com a Lua em Aquário gostam de dar apoio aos seus parceiros e o espaço que eles precisam para crescer. No entanto, sua natureza protetora pode ser percebida como possessiva e elas devem ficar atentas a essa possibilidade. Interessam-se pela vida de outras pessoas e querem ter sucesso em ajudar seus amigos e familiares. Essa é uma das persistentes motivações para progredir na vida e ter recursos para compartilhar. De vez em quando, elas vão agir ou explodir com as pessoas. Mesmo que não seja grande coisa, será um choque, porque normalmente são muito controladas. Como todas as Luas de Ar, a Lua em Aquário estimula uma aura altamente móvel e flexível. Se você tem essa combinação, então o aterramento é necessário, porém mais importante ainda é o foco em seu núcleo e centro. A partir desse centro, você pode fortalecer e estabilizar seu poder. Pessoas com Lua em Aquário são habilidosas em moldar e manter uma forma de pensamento ou padrão de energia específico, transferindo-o para outras pessoas ou objetos. Além disso, você é proficiente como rastreadora e buscadora, capaz de traçar energias, influências e feitiços de volta à sua fonte. Essa habilidade também pode ser usada para localizar objetos ou pessoas perdidas.

♓

Lua em Peixes

Sensíveis, espirituais, criativas, amantes da paz; um profundo poço de criatividade vem com essa combinação de Lua e Sol para as taurinas. É fácil para elas viverem com um pé neste mundo e o outro em outros reinos. No entanto, é importante escolher viver mais plenamente aqui, pois há uma grande necessidade por suas perspectivas e inspiração. O Sol em Touro irá aterrar essa taurina e dar-lhe a força para seguir em frente se ela alcançar o Sol dentro de si mesma. Sua abertura para sentir e detectar tudo ao seu redor é um presente, caso escolha usá-lo com confiança; essa nativa deve confiar em sua intuição e em seus instintos. Sim, ela falhará às vezes e cometerá erros, mas tem a imaginação para corrigir e melhorar o que escolher fazer.

Quando cercada por pessoas barulhentas, impetuosas e insensíveis, a taurina com a Lua em Peixes deve escolher outras companhias. Ela tem o direito de selecionar ambientes e companhias que sejam solidárias e respeitosas. Caso contrário, começará a sentir-se sufocada e sua luz não terá chance de brilhar. Embora algumas pessoas possam querer apressá-la, essa taurina processa suas emoções e seus pensamentos integralmente. Ela se move no seu próprio ritmo, mas não demora ou repete coisas desnecessariamente. Não há valor em ficar atolada e presa na lama de Touro e Peixes. Se você tem essa combinação, permita que sua espiritualidade a guie, mas ancore toda a sua vida aqui na Terra. É assim que você vai equilibrar esses dois signos. Com a Lua em Peixes, a ênfase deve ser em aprender a sentir e controlar o ritmo do seu movimento energético em sua aura. As auras dos signos com Lua de Água são flexíveis, coesas e magnéticas, então elas tendem a ondular e balançar como ondas. A Lua de Peixes é a mais propensa a absorver e se apegar a emoções ou energias indesejadas. Ondular sua energia e permitir que ela ricocheteie das camadas externas de sua aura pode ser uma boa defesa. No entanto, é importante ter cuidado e desenvolver práticas de blindagem eficazes. Além disso, fazer da limpeza de si mesma e de sua casa uma prática regular é fundamental. A energia das pessoas com a Lua em Peixes é especialmente propícia para o trabalho divinatório, o desenvolvimento do psiquismo, a magia da expressão criativa e a cura através de visualizações guiadas.

CORRESPONDÊNCIAS DO TARÔ

As cartas de Tarô podem ser utilizadas pela Bruxa de Touro para muito mais do que apenas adivinhação. Essas cartas podem servir como pontos focais em meditações e transes, permitindo que você se conecte com a energia do seu signo ou elemento e compreenda-os de maneira mais completa. As cartas ficam ótimas em seu altar, servindo como uma âncora para os poderes que estiver invocando. Você pode utilizar as cartas dos Arcanos Menores para acessar a energia de Mercúrio, do Sol ou de Saturno em Touro, mesmo quando estão posicionados em outros signos nos céus. Se você tirar uma foto de uma carta de Tarô, reduzir a imagem e imprimi-la; poderá dobrá-la e colocá-la em sacos de feitiços ou em jarros como referência.

Arcano Maior de Touro

O Sacerdote

Todos os Signos de Terra

Ás de Ouros

Arcano Menor de Touro

5 de Ouros	Mercúrio em Touro
6 de Ouros	Lua em Touro
7 de Ouros	Saturno em Touro

TOURO
TOURO
TOURO
TOURO
TOURO
TOURO

MEU MELHOR MOMENTO COMO UMA BRUXA DE TOURO

Thorn Mooney

Sempre me intrigou o fato de alguém não precisar necessariamente dominar a Astrologia para acreditar nela, ou até mesmo apenas considerar o assunto, e ainda assim incorporar as características do seu signo solar (e todas as outras influências do mapa astral). Muito antes de incorporar a Astrologia à minha prática de Bruxaria, e mesmo antes de ter um bom entendimento do meu signo solar (muito menos saber sobre minha Lua e signos ascendentes), eu já percebia que pensava e agia de maneiras muito características ao meu signo natal. Pessoas com um pouco mais de conhecimento, quando dedicam mais do que alguns minutos comigo, são capazes de identificar com confiança que sou taurina. Isso ocorre porque Touro é um signo que se manifesta de forma lenta, constante e densa, não propenso a ações ou impulsos precipitados. Não há um único momento em que minha natureza taurina se revele instantaneamente. Em vez disso, essa energia se desdobra gradativamente, influenciando meu comportamento ao longo dos anos.

Um dos principais motivos pelos quais a energia de Touro se manifestou em minha prática de Bruxaria nesse período está na minha teimosa e eterna busca pela "tradição". Touro tende a levar a tradição muito a sério. Nossa natureza firme e nosso amor pela rotina, também com ênfase na família e na comunidade, inclina-nos a apreciar os costumes, herança e tradições que atravessam gerações. Quando namoramos, gostamos de sinais de afeto "tradicionais" ou "antiquados", como flores, bons jantares e joias sofisticadas. É o mesmo impulso subjacente que nos faz parecer teimosas e obstinadas em nossos modos, mas que também nos torna lentas para mudar. Gostamos de manter coisas que parecem continuar funcionando por muito tempo. Ao praticar Bruxaria, isso pode tornar a taurina particularmente inclinada a procurar tradições estabelecidas, métodos iniciáticos e Covens com currículos confiáveis e métodos de treinamento consistentes. Quando estamos sozinhas ou mais interessadas em Bruxaria popular ou elaborando nossas próprias tradições, isso nos torna defensoras da pesquisa, investigando métodos históricos e desenvolvendo uma prática pessoal firmemente fundamentada em métodos pragmáticos e testados pelo tempo e pela experiência.

Para mim, essa preocupação com a história e a tradição se manifesta em um intenso desejo de aprender e praticar a Bruxaria mais autêntica, amplamente respeitada e testada pelo tempo que eu possa encontrar. Eu queria algo que enriquecesse minha vida e funcionasse, mas claro, estaria mentindo se dissesse que o ego e a preocupação com o que outras pessoas pensam não importam. Eu testemunhei guerras de Bruxas – praticantes lutando em comunidades locais ou on-line. Um dos grandes pontos de disputa era quem tinha permissão para ser chamada de "Bruxa". Será que era necessário nascer assim ou ser Iniciada em um Coven que poderia traçar sua linhagem até algum fundador? Seria válido aprender apenas por meio da leitura de livros? Aprender on-line teria o mesmo valor que aprender com um orientador presencial? Caso já tenha lido outros livros de Bruxaria e passado muito tempo nas redes sociais, essas perguntas podem ser familiares para você.

Quando comecei a estudar e a praticar magia, eu era apenas uma adolescente. Como muitas outras jovens, já lutei com muitas das inseguranças normais (mais algumas de bônus, por ser neurodivergente e fora do peso "ideal"). A Bruxaria era excitante e fortalecedora, mas eu queria ter a certeza de que estava fazendo isso certo. Estava ansiosa para aprender o máximo e o mais rápido possível, mas queria a confirmação de que estava agindo certo. Há uma tonelada de informações sobre o ofício lá fora, e eu sabia que nem tudo era confiável. Como muitas novas Bruxas, eu queria alguém que me orientasse. Fui cativada por histórias lidas sobre Bruxas que faziam parte de Covens e que haviam sido iniciadas e treinadas por Sacerdotisas e Sacerdotes experientes. Fiquei completamente encantada com a perspectiva de um poder compartilhado, transmitido por uma linha ininterrupta, talvez por séculos.

Após décadas, hoje posso olhar para esses sentimentos e desejos e reconhecer meu Sol em Touro. Eu queria estar conectada a algo, tocar a história e estar completamente livre de dúvidas. Touro gosta de estar certo, e eu certamente queria estar certa. Esses impulsos moldaram muitos dos meus primeiros anos como uma Bruxa. Comprometi-me a estudar, acreditando que quanto mais eu lesse, mais perto estaria de descobrir a verdade. Estava bem ciente das críticas enfrentadas por jovens Bruxas, com adultos assumindo que não estávamos falando sério. Mais tarde, o termo "fofo" *bunny* (coelhinha), tornou-se popular e foi usado on-line para se referir às Bruxas que eram percebidas como alguém querendo atenção, que não fizeram o dever de casa ou não o colocaram em prática. Ou às vezes era usado apenas contra Bruxas ecléticas que estavam tentando aprender sozinhas e não eram iniciadas em grupos. Eu estava decidida a não ser uma dessas pessoas. Quando eu tinha idade suficiente, comecei a procurar um Coven. Parcialmente, eu queria aprender a Bruxaria real, e em parte eu queria ser percebida como legítima por essas mesmas pessoas que vi ridicularizando os outros na comunidade.

Aqui está algo engraçado: quando finalmente encontrei um grupo, juntei-me a ele e me tornei uma devota formal em uma Tradição. No entanto, ao contrário do que imaginei, minhas inseguranças não foram embora. Sim, eu tinha pessoas adoráveis, atenciosas e experientes para me orientar. Aprendi muito sobre tomar bastante conhecimento dos livros que adquiri nos anos anteriores e colocá-lo em prática no meu mundo. Mas magicamente eu não me tornei "iluminada". Não me tornei de repente melhor do que a Bruxa que eu era antes. Além disso, os pessimistas sem rosto da internet que estavam tão obcecados em determinar quem era e quem não era uma Bruxa de verdade não estavam nem um pouco satisfeitos. Acontece que não bastava estar em um Coven iniciático, precisava estar na Tradição certa. Então, eu ainda não tinha a aprovação que estava procurando inconscientemente lá fora. Fiquei nesse grupo por alguns anos, mas acabei me mudando depois da faculdade, quando disse adeus e me encontrei mais uma vez como uma buscadora. Finalmente, já em meu novo Estado, encontrei outro Coven que fazia parte de uma antiga Tradição. Esse nem mesmo os trolls da internet poderiam criticar. Ou assim eu pensava. Mais uma vez eu me vi tendo uma incrível vivência e aprendendo muito, porém descobri que nem todos em uma comunidade mágica se dão bem apenas porque fazem parte da mesma Tradição. Aprendi que rixas e disputas existiam em linhas individuais dentro dessa mesma Tradição. Vi-me julgada por todos os tipos de coisas novas. Acontece que a conversa sobre legitimidade não vai realmente longe só porque seguimos todas as etapas definidas para nós. Demorei muito para perceber que a única coisa que importava era se minha Bruxaria funcionava ou não, se ela enriquecia minha vida e se contribuía para tornar o mundo um lugar melhor. A Iniciação por si só não torna ninguém confiante, feliz ou mesmo eficaz como praticante, se não continuar praticando e trabalhando em si mesma. Eu sabia que nunca teria a aprovação de todos. Não demorou muito para eu entrar em outro espaço Bruxo e encontrar pessoas que achavam que o que eu estava fazendo não era o verdadeiro ofício. Aquele debate sobre quem é e quem não é Bruxa nunca vai embora. Mas estou bem com isso agora, porque finalmente encontrei as raízes que procurava. Não porque alguém me concedeu isso em um ritual, mas porque eu as criei para mim mesma.

Compartilhar histórias como essa publicamente pode ser um pouco embaraçoso, mas acredito que isso é importante, pois muitas outras Bruxas – tanto as novatas quanto as experientes – lutam para saber se suas práticas são ou não "certas" ou "reais". Estou orgulhosa de minha própria jornada e grata aos professores que tive ao longo do caminho, mas lamento ter desperdiçado tanto tempo me preocupando em escolher a Tradição "certa". A Tradição é valiosa – ainda acredito nisso – não apenas porque ela é ou não antiga (acontece, aliás, que a maioria dessas histórias sobre linhagens centenárias ininterruptas nem eram realmente verdadeiras). A Tradição é uma estrutura que ajuda a construir nossas próprias bases na vida. Da mesma maneira que uma boa casa tem um forte alicerce, paredes sólidas e telhados bem-feitos, uma Tradição traz segurança, permite a criação de comunidades e nos ajuda a resistir à passagem do tempo. Esses fatores realmente atraem a Bruxa de Touro. A minha compreensão do meu signo solar me ajudou a refletir sobre essas experiências anos mais tarde. No entanto, ao aderir a uma Tradição ou criar a sua própria, ainda será em si mesma que vai residir sua própria autenticidade; é nela que criamos nosso próprio significado. Se decidir praticar em grupo ou por conta própria (e a maioria de nós faz um pouco dos dois, às vezes em diferentes pontos de nossa vida), seu poder ainda vai vir de dentro de você.

TOURO
TOURO
TOURO
TOURO
TOURO
TOURO

A INFLUÊNCIA DO SEU SIGNO ASCENDENTE

Ivo Dominguez, Jr.

Seu signo ascendente, também conhecido como "predominante", é o signo que estava subindo no horizonte leste na época e no local de seu nascimento. No mapa astral, está à esquerda do lado que divide a parte superior e as metades inferiores do mapa na linha horizontal. O signo ascendente também é a cúspide ou sua primeira casa. Costuma-se dizer que o signo ascendente é a máscara que você usa para o mundo, mas é muito mais do que isso. É também o portal através do qual podemos experimentar o mundo. Seu signo ascendente colore e filtra essas experiências. Além disso, quando as pessoas a conhecem pela primeira vez, o que elas encontram é o seu signo ascendente. Isso significa que elas interagem com você com base na percepção desse signo, e não pelo seu signo solar. O que, por sua vez, tem impacto sobre si mesma e na forma como você se vê. Conforme as pessoas vão conhecendo você, com o tempo, elas vão se deparando com o seu signo solar. Seu ascendente seria como as nuvens coloridas escondem o Sol ao amanhecer, conforme ele continua a se elevar, seu brilho é revelado.

O signo ascendente influencia sua aparência física, bem como seu estilo de se vestir. Para alguns graus, sua voz, maneirismos, expressões faciais, postura e modo de andar também são influenciados pelo seu signo ascendente. Os blocos de construção de sua personalidade pública vêm de seu signo ascendente. Como você organiza esses blocos de construção é guiado pelo seu signo solar. Portanto, seu signo solar deve trabalhar com o que lhe foi dado. Para as Bruxas, o signo ascendente mostra algumas das qualidades e fundamentos que dão base a uma personalidade mágica que elas podem construir. A personalidade mágica é muito mais do que simplesmente mudar para o espaço certo, coletar equipamentos rituais, acender velas e etc. É uma construção que é desenvolvida por meio de práticas mágicas e espirituais para servir como uma interface entre diferentes partes do self. Também conhecida como "persona mágica", a personalidade mágica pode atuar como um recipiente ou limite para que cada parte mundana e mágica da vida de uma pessoa possa ter seu próprio espaço. Seu ascendente também dá pistas sobre quais técnicas de magia virão naturalmente para você.

Este capítulo descreve os doze arranjos possíveis de signos ascendentes com um Sol em Touro e o que cada combinação produz. Existem 144 tipos básicos de possibilidades para Touro, levando-se em consideração os signos lunares e ascendentes. Você pode querer reler o capítulo sobre o seu signo lunar depois de ler sobre seu signo ascendente para que possa entender melhor essas influências e como elas se fundem.

♈

Ascendente em Áries

O ascendente em Áries leva essa taurina a uma ação mais rápida e a ter uma aparência mais extrovertida, muito mais motivada para assumir o comando e ser líder em muitas configurações. Este ascendente a torna mais forte e mais adaptável nas situações difíceis. O lema é persistir, não importa o que aconteça. Uma boa parte da sua identidade vem de ser alguém que está realizada e no controle de si mesma. No entanto, seu corpo sente a pressão, então essas taurinas devem ser gentis com sua digestão, pois isso vai reagir ao estresse. Atividades físicas, qualquer que seja suas preferências, geralmente são a melhor maneira de se sentirem confortáveis. Colecionar coisas lhes dá conforto, sejam experiências ou objetos físicos. Isso combina o amor do seu Sol em Touro por estar no mundo e a emoção que tem o ascendente em Áries de procurar e encontrar. Os planetas regentes de Vênus e Marte ativos em seu gráfico significa que ela irradia sensualidade, energia romântica ou pelo menos uma energia amigável que atrairá a atenção das pessoas. Isso aumentará e diminuirá em intensidade, mas estará sempre presente. O ideal é permanecer ciente disso para que possa fazer escolhas conscientes sobre como responder aos outros mantendo bons limites. Esse poder se transformará em carisma e influenciará todas as áreas de sua vida. Quando essa nativa de Touro com ascendente em Áries perde a paciência, isso pode resultar em raiva explosiva. Aprender a dar pequenos avisos para que as pessoas saibam quando devem lhe dar espaço é gratificante. Essas taurinas se saem melhor quando têm companhia e amigos de confiança. Mas esses amigos precisam saber que ela se importa por meio de suas ações e não apenas de suas palavras.

Ter ascendente em Áries significa que ao alcançar e atrair o poder, a Terra e o Fogo lhe responderão prontamente. Caso necessite de outras formas de energia, precisará se esforçar mais, concentrar-se com mais intensidade e ser mais específica em seu pedido. Essa combinação facilita a convocação e a invocação de espíritos e poderes. Além disso, a criação de amuletos e encantamentos é favorecida.

♉

Ascendente em Touro

Ser uma taurina dupla significa poder cultivar uma serenidade profunda e uma determinação inabalável. Essas nativas apreciam tudo que agrada seus sentidos e os confortos da vida. Isso é maravilhoso, mas pode levá-las a exagerar em várias situações. Sua sensibilidade a cheiros, sabores, texturas e outras experiências sensoriais pode ser intensa, às vezes causando sobrecarga. Além disso, ser taurina em dobro sugere que tende a ser menos propensa a mudar seus pensamentos ou opiniões uma vez que estão firmados. É importante lembrar de revisar e rever o que pensa e sente sobre o mundo e as pessoas ao seu redor. Nem sempre é fácil acertar de primeira; o mundo está em constante mudança. Quando se trata das pessoas próximas, ela deve evitar aplicar tanta pressão para que se conformem com o que acredita ser o melhor. É melhor deixar o tempo ser seu melhor professor. As pessoas costumam viver em um mundo dentro de sua própria criação, mas isso é especialmente verdadeiro para as taurinas com esse ascendente. No caso, o elemento Fixo de Terra se manifesta de forma lenta e segura, tanto em esperanças quanto em medos. Uma busca constante pelo autoconhecimento é essencial. Quanto mais conhecer suas necessidades, desejos e aspirações, mais fácil se torna criar ou manifestar o que realmente deseja. Seja criança, seja adulto, ensinar ou mentorar fará parte da vida dessa taurina e possivelmente pode ser uma profissão.

O ascendente Touro fortalece a sua aura e a capacita a manter uma energia mais sólida. Isso proporciona escudos mais fortes e a habilidade de criar formas-pensamento e feitiços mais duradouros. Essa combinação também a torna um canal mais eficiente para a energia de outras pessoas em trabalho em grupo, pois pode tolerar volumes maiores de diferentes tipos de energias. Você está mais protegida do que a maioria das pessoas e pode estender essa proteção aos outros.

♊

Ascendente em Gêmeos

Esta combinação é um quebra-cabeça para as pessoas de Touro com ascendente em Gêmeos e para todos ao seu redor. Seu ascendente quer andar depressa, aprender e explorar tudo e todos os lugares. Já seu Sol em Touro quer passar algum tempo de qualidade em casa ou em outro lugar aconchegante. Essa taurina oscila indo e vindo entre interesses práticos e voos intelectuais de descoberta. Sua ascendência faz com que ela seja mais faladora do que a maioria das taurinas, fazendo-a ter amor pela comunicação. O Sol em Touro traz mais segurança para suas ideias, mesmo quando apenas pensadas em voz alta. Isso pode produzir mal-entendidos. É mais difícil ver a clássica estabilidade e firmeza de Touro com aquele Mutável Ar de Gêmeos vindo à tona. Este ascendente facilita uma taurina a se examinar e a fazer mudanças em sua identidade. No entanto, se deixado de lado, o ascendente em Gêmeos leva a nativa de Touro a fincar seus pés no chão e apresentar dezenas de razões para evitar mudanças.

Sempre há certa tendência de achar que a grama é mais verde em qualquer outro lugar. E talvez até seja, mas esse pensamento também pode resultar em uma grande perda de tempo. Florescer onde você está plantada também é bom. Seu Sol em Touro favorece maneiras testadas e comprovadas de fazer as coisas, enquanto seu ascendente em Gêmeos quer ser mais experimental. Encontrar um equilíbrio entre essas duas formas de ver o mundo irá atendê-la melhor.

Seu ascendente em Gêmeos combina a intuição taurina com o dom das palavras, o que é excelente para fazer adivinhação. Além disso, ainda ajuda sua energia e aura a ir mais longe e se adaptar a tudo o que toca. Faria bem desenvolver capacidades psíquicas para ser receptiva às suas habilidades, bem como suas práticas com mediunidade e canalização. Essa combinação também pode ser boa para a comunicação com animais e plantas. Essa taurina pode captar muita informação e isso pode ser opressor. Aprender a fechar e a controlar sua consciência para os pensamentos e sentimentos de outras pessoas é o recomendável.

♋

Ascendente em Câncer

O lar é muito importante para essa nativa de Touro com ascendente em Câncer. Ela precisa ter sua fortaleza e seus entes queridos por perto. Essa taurina demonstra carinho por meio de gestos materiais como comida, presentes, a dádiva de oferecer o seu tempo e a abertura de seu coração. Ela nem sempre sente que os outros a retribuem, mas não termina uma amizade ou relacionamento por causa disso. De fato, essa falta de retribuição pode até ser verdade algumas vezes, mas também pode ser que ela não entenda como os outros, que são diferentes dela, expressam carinho. O ideal é confirmar o que está acontecendo e, em seguida, fazer escolhas. Essas pessoas têm emoções mais fortes e profundas por causa dessa combinação. O melhor a fazer é escolher usar seu intelecto para não ser governada por suas emoções.

A taurina com esse ascendente ama história, folclore, genealogia, o passado e coisas do tipo. Isso pode lhe trazer grande alegria e são atividades que poderá fazer por toda vida. No entanto, há certa tendência dessas preferências deixar a nativa de Touro com ascendente em Câncer perdida em suas memórias, o que pode ser doloroso e improdutivo. Ela precisa trabalhar para colocar tudo isso para descansar, para que possa viver a vida para o presente e para o futuro. Essa regência é de Terra e Água, solo fértil, o que significa que tem o poder de expandir seus próprios sonhos e os sonhos dos outros. Essa taurina é tão prestativa que pensa que poderia receber mais elogios. Ela precisa fazer propaganda de si mesma com mais frequência, mas por conseguir fazer as coisas tão humildemente, seus esforços nem sempre são percebidos.

O ascendente em Câncer aqui concede o poder de usar suas emoções, ou a energia emocional de outras pessoas, para sua magia. Embora ela possa direcionar uma ampla gama de energias para alimentar suas práticas, aumentar o poder através da emoção é o mais simples a ser feito. Sua terra de Touro passa pela influência de Câncer, permitindo que ela trabalhe com espíritos da natureza mais diretamente. Essa taurina também pode ter vocação para trabalhar com sonhos ou relembrar vidas passadas.

♌

Ascendente em Leão

Quando uma taurina com ascendente em Leão entra em uma sala, a energia muda e as pessoas percebem; sua presença é forte. Isso é ótimo para quem sente vontade de assumir o comando ou ser o centro das atenções, mas nem sempre é o que essa taurina quer. Esse brilho pode levá-la ao sucesso com metas altas, o que muitas vezes requer muito trabalho e ocupa muito tempo. Sua autoestima tende a oscilar muito alto e muito baixo. Se este for o seu caso, tente se centrar e você e seus entes queridos serão muito mais felizes. Quando está indo bem, as pessoas instintivamente confiam e se abrem para essa nativa de Touro, apoiando seus planos e escolhas. Leão é regido pelo Sol, o que tende a criar um clima emocional e espiritual ao seu redor. Quando não está bem, as coisas se tornam tempestuosas.

A nativa deste signo com essa ascendência é uma amiga leal e tende a perdoar ofensas mais rapidamente do que outras pessoas do signo de Touro. No entanto, ela deve ser tão gentil consigo mesma quanto é com os outros. Essa taurina aspira ser uma pessoa de honra e nobreza. Se ela liderar, por exemplo, o mundo seguirá; saber dizer às pessoas como fazer as coisas não deixa seus resultados menos impressionantes. Tanto o seu Sol quanto o seu ascendente são modalidades Fixas, então ela é muito tenaz e criativa em colocar em prática suas escolhas. Por ser boa em aproveitar o momento e viver no presente, ela torna mais fácil alcançar seus sonhos de longo prazo.

Ter ascendente em Leão significa que quando a pessoa quer atrair poder, o Fogo responderá primeiro. Se precisar de outros tipos de energia, ela vai ter de chegar mais longe, concentrar-se mais e ser mais específica em seu pedido. Sua aura e energia são mais brilhantes e estáveis do que a da maioria das pessoas, então ela atrai a atenção de espíritos, divindades e outros seres mais. Aparecer tão claramente nos outros mundos pode ser um dom ou um desafio; mas quem resolve isso é ela. Seu Sol e ascendente lhe dão um talento especial para trabalhar com energia de cura.

♍

Ascendente em Virgem

Nem sempre é o melhor, mas pode ser se for bem gerenciado. Seu ascendente em Virgem lhe dá habilidades de organização e atenção aos detalhes que suportam esse trabalho duro que o Sol em Touro se esforça em fazer. No entanto, toda essa energia da terra pode tornar os pequenos detalhes excessivamente importantes, e isso pode atrapalhá-lo e criar preocupação e irritação. Concentre-se no quadro geral de sua vida porque você é incrível e muito maior do que as muitas pequenas coisas nas quais encontra falhas. Você é naturalmente reservada, então precisa cutucar a si mesma para ser mais sociável. A vida não é só sobre trabalhar e servir. Se tiver um lugar seu, pode absorver a paz, o sossego e a natureza, e tudo ficará bem. Trabalhar em casa ou com menos interação com grandes grupos de pessoas é o melhor.

Embora seja pragmático e fundamentado, você também se sente conectada com as energias mutáveis do ciclos lunares, as estações, o verde e o crescente mundo. Você se sairá melhor com parceiros que também sentem forte conexão com a magia natural da terra. Seria ainda melhor se tivesse animais de estimação e/ou plantas de casa.

Virgem como Ascendente de Touro torna mais fácil trabalhar com Deusas e Deuses que estão conectados ao elemento Terra, a vida vegetal, a agricultura, a morte ou aos assuntos ctônicos. Você tem talento para elaborar visualizações guiadas que podem trabalhar a magia. Esta habilidade criativa com sua energia de Terra lhe dá a capacidade de construir templos astrais fortes, detalhados e estruturas similares. Tenha cuidado ao entrelaçar sua energia com a de outra pessoa, porque você pode pegar e reter seus padrões e problemas. Sempre limpe sua energia depois de fazer um trabalho solo ou coletivo.

♎

Ascendente em Libra

Uma doce combinação da Terra com o etéreo de Vênus surge desta nativa com Sol em Touro e ascendente em Libra. Ela possui encantos poderosos talvez sejam físicos, dado a maneira como se move ou fala, ou pode ser apenas a vibração que proporciona. Dito isso, se alguém ficar ao seu redor, descobrirá que ela fala sério sobre justiça, beleza e harmonia como os princípios fundamentais do seu mundo. Essa taurina quer assegurar que outras pessoas também tenham acesso às coisas e experiências que tornam a vida linda. A justiça em todas as suas formas é igualmente essencial à sua visão de mundo. Ela tem uma ampla gama de profissões e vocações potenciais, porque é boa em identificar quais promovem seu desejo de criar um mundo melhor. Quando subestimada, não desperdiça energia se incomodando; em vez disso, transforma tudo em vantagem usando o elemento surpresa.

Essa taurina ama tanto a ideia de amar que isso pode dificultar que ela veja como seus parceiros são verdadeiramente. Ela não precisa ter pressa, é melhor ir devagar nos assuntos do coração. Seu relacionamento é melhor com amigos e parceiros que são mais práticos do que com aqueles cujo fogo é excitante, mas que não estão no mesmo ritmo que ela. Quando deseja um relacionamento mais longo, ela logo descobre que pode fazer melhores escolhas depois de fazer compras. Ela é mais afetada pelo seu ambiente do que pelas pessoas. Um quarto bagunçado ou desagradável pode diminuir seu humor mais rápido do que uma pessoa indelicada.

O ascendente em Libra com um Sol em Touro pode ser comparado a uma pipa ao vento. Sua magia pode ser estabelecida nos ventos, com sua voz, e voar para onde quiser mandar. Quando a nativa de Touro com esse ascendente expande sua aura, sua energia pessoal pode acalmar uma atmosfera rebelde ou prejudicial. Uma magia relacionada a trazer paz ou justiça é favorecida por esta combinação, que também funciona bem na criação de geometria sagrada com cristais (*crystal grids*), altares de trabalho, jardins mágicos ou em outras instâncias de beleza e magia.

♏

Ascendente em Escorpião

Escorpião é o signo oposto a Touro, o que fornece intensidade e volatilidade a essa combinação. Quem tem essa combinação pode não parecer muito taurina para outras pessoas. Todo dia é Primeiro de Maio e Halloween. Há começos e fins em tudo. Essa taurina é repleta de alegria por estar encarnada e continuar conhecendo as fragilidades humanas. Ela pode liderar uma vida heroica cheia de paixão e força, ou pode se voltar ao melodrama. O ideal é ter uma mão firme para segurar as rédeas de sua carruagem, para que continue na estrada. Escolher ser mais flexível, revisar e testar suas suposições e acreditar que seus amigos e entes queridos se preocupam são atitudes importantes. Sua vontade de sobreviver e prosperar, independentemente das circunstâncias, é uma grande vantagem. No entanto, ela nem sempre precisa fazer isso da maneira mais difícil.

Por ser uma pessoa investigativa que interroga tudo ao seu redor, coisas escondidas são uma isca para ela, o que a leva a ser atraída para Bruxaria, religião, psicologia e todos os mistérios do mundo. Um dos maiores mistérios, no entanto, é o amor, mas esse ela não trata como uma área de estudo. Essa taurina ouve o seu coração e a sua melhor natureza, ela tem chances de obter uma grande sabedoria se fizer o trabalho de integrar seus extremos.

O ascendente em Escorpião torna sua energia capaz de trespassar as barreiras mais energéticas, podendo dissolver a ilusão ou derrubar proteções ou escudos e ver sob o véu da verdade. Essa nativa pode ter aptidão para quebrar maldições e elevar atmosferas com forças espirituais opressivas. Ela pode ser uma vidente, mas apenas se aprender a ter desapego emocional. Também pode ter habilidades como curadora de problemas físicos. É importante que faça um trabalho de limpeza regular para si mesma. Provavelmente acabará fazendo um trabalho confuso se não tiver uma aura antiaderente.

♐

Ascendente em Sagitário

O Sol em Touro fornece um amor pela paz a essa taurina, enquanto seu ascendente traz filosofias que constroem uma conexão com princípios superiores. Ela pode agir como ponte, mediadora e pacificadora e ainda pode ser articulada ao expressar abordagens práticas e esperançosas às questões da vida. Se estiver sob muita pressão ou ainda não desenvolveu alguma sabedoria, então essa combinação pode torná-la imprudente e excessivamente indulgente. Quando está sendo fiel a si mesma e às suas crenças, Vênus e Júpiter jogam um pouco mais de sorte e iluminam seu caminho. Acompanhe as oportunidades quando elas se apresentarem.

Sagitário ama viajar e explorar, e essa taurina fará mais disso do que a maioria das outras nativas de Touro. Embora seu Sol em Touro prefira segurança e conforto, seu ascendente irá regularmente arrastá-la para fora de sua zona de conforto. Isso pode ser enervante, mas com o tempo, o que ela considera sua zona de conforto crescerá. É fácil para ela ter amizades e relacionamentos, mas apenas até um certo nível de proximidade e intensidade. Essa taurina vai ganhar aliados fortes e muitos apoiadores. Com o tempo e com a prática, ela vai aprender mais sobre si mesma para que possa ter conexões mais profundas. O ideal é encontrar equilíbrio entre as suas necessidades e as necessidades das pessoas mais próximas.

O ascendente em Sagitário dá a essa taurina o Fogo Mutável que adiciona velocidade e flexibilidade à sua Terra de Touro. Sua magia é mais forte quando ela está do lado de fora da Terra. O Fogo do seu signo ascendente pode se tornar um pilar de chamas no coração da sua Terra de Touro. Habilidade no uso de velas, varinhas ou bastões é favorecida por esta combinação. Isso porque poderá colocar sua energia e intenções em objetos com facilidade. Ela tem talento para rituais e feitiços que evocam criatividade, sabedoria e liberdade. Esta combinação dá acesso a muita energia, mas ela pode ter um colapso quando essa energia acabar. Fica o alerta para parar antes que se canse demais.

♑

Ascendente em Capricórnio

Esta taurina é uma dose dupla de energia da Terra em uma missão. Sua ambição é forte e ela é metódica e implacável em sua busca por conquista. Dependendo de quão ocupada está quando conhece alguém pela primeira vez, podem até ter a impressão de que ela é fria e séria. Ela é séria, mas não sombria. Essa nativa ama as alegrias do mundo tanto quanto qualquer outro Touro. Ela trabalha e se diverte mais do que a maioria. Seu desafio é garantir que mantenha um bom equilíbrio em sua vida. É fácil para ela ficar tão encantada com suas tarefas que negligencia passar tempo de qualidade com as pessoas que se preocupam com ela. Essa taurina pode fazer longos trajetos sem muito contato humano, mas sem afeto e atenção positiva, começará a desaparecer.

Adepta a reconhecer o que as outras pessoas sabem fazer de melhor, a nativa de Touro com ascendente em Capricórnio pode ajudar como líder, organizadora, entre outras funções. Pode parecer muito simples, mas ela não deve tentar fazer tudo sozinha. Por ser uma rocha sólida de todas as maneiras, ela oferece apoio e encorajamento para aqueles ao seu redor. Ao dar o seu melhor, ela se aprimora e se apoia. Em sua vida pessoal, isso pode torná-la uma excelente amiga ou parceira; apenas não deve desaparecer em meio ao seu trabalho.

O ascendente em Capricórnio cria uma aura e um campo de energia que demoram a ganhar velocidade, mas ganham um impulso incrível assim que estão totalmente ativados. É recomendável ter o hábito de fazer algum tipo de trabalho energético ou aquecimento meditativo antes de se envolver na Bruxaria. Trabalhar com cristais, pedras e até características geográficas como montanhas é benéfico para essa nativa, pois sua magia combina bem com esses elementos. Seus rituais e feitiços se beneficiam de ter uma estrutura e um plano de ação. Ela é especialmente habilidosa em feitiços para proteção e para fazer mudanças de longo prazo.

♒

Ascendente em Aquário

A teimosia do Sol em Touro combinada com o idealismo do ascendente em Aquário tornam essa pessoa bem difícil de lidar. Sim, ela pode mudar o mundo, e ela quer fazer coisas melhores. Apenas dê às pessoas algum tempo para pensar em todas as ideias incríveis e práticas que ela tem a oferecer. Honestidade e franqueza são suas preferências, quando ela diz que é amiga, está falando sério. Sua fraqueza é que a torna mais rígida quando está sob ameaça. Pequenas mudanças em planos ou horários podem incomodá-la demais. Será melhor se ela for mais ágil e flexível em suas opiniões.

Esta combinação contribui para o pensamento original e momentos de genialidade que podem ser aplicados no mundo real. Este é o dom com o qual essa nativa deve liderar. Ela tem uma compreensão mais ampla de como os grandes sistemas da sociedade e do trabalho empresarial funcionam e como pode aplicar seus talentos em quase qualquer lugar. Embora possa trabalhar com os outros, é autossuficiente. Embora possa usar ferramentas e métodos que pareçam conservadores, seus objetivos são humanitários e focados no futuro. Quando se trata de parceiros de longo prazo, precisa ter uma conexão física e intelectual. Seu parceiro também precisará ser mais adaptável do que ela para fazer as coisas funcionarem.

O ascendente em Aquário ajuda a tornar mais fácil mudanças conscientes da forma e da densidade de sua aura. Isso a torna uma generalista que pode se adaptar a muitos estilos e formas de magia. Bruxaria focada em atrair inspiração, criar uma comunidade e na transformação pessoal são auxiliadas por essa combinação. A visualização pode desempenhar um papel importante em sua magia e em meditações. Se não for particularmente boa em visualização, então deve focar seu olhar nos objetos em seu altar ou outros símbolos relacionados ao seu trabalho. O ascendente em Aquário tem o dom de transformar ideias em realidade.

♓

Ascendente em Peixes

A combinação do ascendente em Peixes com o Sol em Touro é harmoniosa e traz o melhor de ambos. Essa taurina consegue reunir criatividade, intuição e um sólido planejamento em todos os seus esforços.

Ela possui emoções fortes, é sensual e é atraída pelo desconhecido e pelo sobrenatural. Seus pensamentos alçam voos altos e grandiosos, mas ela permanece ancorada no que é possível. Pode ser fácil para ela encontrar maneiras de ganhar dinheiro e levar uma vida boa em carreiras e caminhos distantes das opções padrão que foram dadas a ela quando criança. De tão imersa em suas percepções psíquicas, ela pode esquecer que é psíquica. As taurinas com ascendente em Peixes são guiadas e muitas vezes protegidas, mas não fazem seus ajudantes espirituais trabalharem demais.

Essa taurina muitas vezes considera o processo de tomar decisões e mantê-las um mistério. O grande segredo é que nem sempre é possível prever o resultado de qualquer escolha. É importante que ela seja decisiva e desenvolva habilidades para lidar com a necessidade de ajustar suas escolhas após o fato. Com muita paciência, persistência e engenhosidade, no final, ela ficará bem. No entanto, é melhor não perder tempo esperando que a oportunidade venha bater à sua porta. É mais produtivo sair pelo mundo e projetar a hora e o lugar certos. Música e artes em geral podem ser alguns dos melhores remédios para seu corpo, mente e espírito.

O ascendente em Peixes conecta a taurina com seu Sol em Touro a outros planos de realidade. Seu poder como uma Bruxa flui quando ela faz magia para abrir as portas para os outros mundos. Ela possui um dom especial para criar espaços sagrados e abençoar lugares. Com algum treinamento e prática, poderá fazer viagens astrais, transitar entre os dois mundos e realizar jornadas da alma em todas as formas. Além disso, pode ajudar outras pessoas a desenvolverem seus dons psíquicos. Música, canto e dança também alimentam sua magia.

TOURO
TOURO
TOURO
TOURO
TOURO
TOURO

UM PRATO PERFEITO PARA UMA TAURINA: FETTUCCINE ENCANTADO

Dawn Aurora Hunt

* * *

Esta receita é um prato cremoso e reconfortante que certamente vai agradar à Bruxa de Touro, ajudando-a a encontrar paz, alegria e um pouco de aterramento.

O Fettuccine Alfredo é amplamente conhecido pelo seu delicioso molho de queijo. O queijo, assim como outros produtos lácteos, mantém a alegria com suas propriedades nutritivas. Como os Touros são criaturas sensuais, vão adorar a textura suave e aveludada deste molho, realçado com notas sutis de noz-moscada para um toque de aterramento e tomilho para estimular a intuição. Se tiver tempo, fazer o próprio fettuccine do zero pode ser um ritual prazeroso e uma maneira de incorporar intenções na massa à base de ovos. Ao amassar a massa, medite sobre os objetivos que deseja alcançar, sinta os pés profundamente enraizados na terra e torne-se cada vez mais aterrado. No entanto, usar fettuccine comprado em loja ou até mesmo uma opção sem glúten funcionará bem com este molho simples.

Nota: esta receita não pode ser feita sem leite. Se sua dieta o impede de consumir laticínios, sugiro encontrar uma ótima receita de Alfredo on-line que use leite de caju. Em muitos casos, é possível obter a mesma cremosidade e textura aveludada usando leites de nozes.

Ingredientes:

- 1 colher de sopa de azeite de oliva
- 1 dente de alho picado
- 1½ xícara de queijo Pecorino Romano ralado
- 1½ xícaras de creme de leite
- 2 colheres de sopa de manteiga
- 500 g de macarrão fettuccine seco ou fresco
- Pimenta-preta fresca grosseiramente moída
- Pitada de noz-moscada
- Salsinha fresca picada e tomilho para decorar

Preparo:

Cozinhe a massa conforme as instruções da embalagem, ou prepare a receita de massa fresca. Adicionamos posteriormente à receita do molho. Enquanto a massa cozinha, prepare o molho. Não se esqueça de reservar cerca de meia xícara da água do macarrão para adicionar ao molho antes de servir.

Em uma frigideira grande, aqueça o azeite e a manteiga em fogo médio-baixo. Assim que a manteiga derreter, adicione o alho e refogue por cerca de dois minutos, até que o alho esteja perfumado. Adicione delicadamente o creme de leite, misturando até incorporar completamente. Reduza o fogo e adicione o queijo Pecorino Romano. Cozinhe em fogo baixo, mexendo sempre, até que todo o queijo tenha derretido e formado um molho cremoso. Acrescente uma pitada de noz-moscada.

Enquanto isso, escorra a massa quando estiver cozida e reserve cerca de meia xícara da água do macarrão. Adicione a água reservada à frigideira em fogo médio, aqueça e misture bem. O molho vai começar a engrossar um pouco com isso. Em seguida, emprate o fettuccine e cubra com salsa fresca, tomilho e pimenta-do-reino moída. Se desejar, adicione mais queijo ralado por cima. Sirva imediatamente.

Receita da Massa Fresca

Ingredientes:

- ½ colher de chá de sal
- ½ colher de sopa de azeite
- 2 gemas
- 2 ovos grandes
- 2 xícaras de farinha de sêmola peneirada

Preparo:

Em uma superfície limpa, como um balcão ou uma mesa, coloque a farinha formando um monte. Faça um buraco no meio da farinha e adicione os ovos, o sal e o óleo no centro. Com um garfo, bata delicadamente os ovos, mantendo o centro intacto. Comece a incorporar gradualmente a farinha para dentro do centro, usando movimentos circulares até obter uma massa desgrenhada. Assim que a massa começar a se formar, use as mãos para amassá-la, reunindo todos os ingredientes e formando uma bola coesa. Continue amassando por cerca de dez minutos ou até que a textura fique lisa. Se sua massa estiver muito seca, molhe as mãos e continue amassando, mas não adicione água diretamente a ela. Modele a massa em uma bola e deixe-a descansar de trinta a sessenta minutos. Corte a massa em quatro pedaços iguais e alise suavemente formando um disco. Com uma superfície de trabalho bem enfarinhada, estenda a massa em uma forma oval plana na espessura desejada (recomendo um pouco menos do que meio centímetro). Dobre a folha de massa, trazendo as bordas cortadas juntas como se estivesse dobrando uma carta. Em seguida, com uma faca afiada, corte a massa em tiras para formar os fettuccine. Coloque delicadamente as tiras numa assadeira enfarinhada e forrada com papel-manteiga e deixe-as descansar até a hora de cozinhá-las ou armazená-las em um recipiente hermético para durar por até duas semanas. Repita o processo com as bolas de massa restantes. Para cozinhar o macarrão, coloque numa panela grande com água e sal para ferver e cozinhe por apenas quatro a seis minutos ou até que a massa esteja com a textura desejada. Escorra e sirva imediatamente com o molho.

RECARGA E AUTOCUIDADO

Thorn Mooney

É natural que todas nós tenhamos maneiras diferentes de expressar alegria, tristeza ou raiva, e também frequentemente experimentamos e expressamos tédio, exaustão e esgotamento de várias (e às vezes surpreendentes) maneiras. Às vezes é difícil até mesmo dizer a diferença entre esses tipos de sentimentos – você só sabe que algo está errado. O tédio pode se manifestar como uma interrupção da produtividade, parando de nos envolver mais em algo que costumávamos amar, comer ou comprar compulsivamente, ou apenas um sentimento geral de inquietação. Pessoas que estão lutando contra o esgotamento (*burnout*) às vezes procuram ainda mais tarefas só porque sentem que não podem parar. Nós nos convencemos de que a infinita lista de tarefas é o que realmente nos mantém unidas e reabastecidas. A exaustão, por sua vez, pode se manifestar como uma doença ou irritabilidade e pode exacerbar outras condições, como depressão e ansiedade.

Pode ser um processo longo e difícil de se recuperar das tarefas diárias exaustivas mencionadas anteriormente, por isso é importante estar atenta ao seu próprio tempo e energia. Em vez de esperar por oportunidades para aproveitar férias longas (que muitas vezes nunca chegam) ou épocas da vida quando você diz a si mesma que terá menos o que fazer (o que também tende a nunca acontecer), tente descansar mais e reservar mais tempo em suas rotinas atuais. Fazer um pouco disso todos os dias irá ajudá-la a percorrer um longo caminho para prevenir muitos dos sintomas de fadiga e tornará mais fácil ouvir a si mesma e ter pistas emocionais, que, por sua vez podem mantê-la no caminho certo em qualquer direção que queira que sua vida tome. Tirar um tempo para descansar e recarregar é uma parte importante de qualquer magia prática, então, priorize as coisas que a reabastecem e mantêm você aterrada. Estas são apenas algumas ideias que podem diretamente atrair as Bruxas de Touro, com certeza você tem interesses e experiências que serão únicas.

Mova-se!

Mover-se pode parecer às vezes contraintuitivo. Quando pensamos em relaxamento e descanso, a maioria de nós imagina dormir, relaxar com uma bebida, descansar em um sofá, assistir filmes ou ler. No entanto, fazer seu corpo se mover regularmente é uma das maneiras mais seguras de estabilizar o humor, e há pesquisas que apontam que a atividade física é fundamental para aliviar o estresse e manter a saúde. Muitas de nossas associações com Touro estão ligadas ao reino físico, então faz sentido para uma Bruxa de Touro se voltar para seu próprio corpo como uma fonte de bem-estar. Isso não significa que você precisa se transformar em uma atleta ou ter um tipo particular de corpo. Muitas de nós fomos ensinadas a odiar o movimento por causa do trauma das aulas de ginástica da escola e da cultura dos treinos tóxicos, mas há um mundo muito maior lá fora do que os jogos de queimada do ensino médio e a vergonha do corpo pregada pelos gurus do fitness. Movimento mágico e estimulante não tem nada a ver com a idealização de um corpo em detrimento de outro. Em vez disso, trata-se de encontrar algo que funcione para você.

Comece fazendo caminhadas noturnas com sua família, ou passe alguns minutos se alongando antes de se vestir todas as manhãs. Explore as vias verdes da sua cidade, ande de bicicleta pela primeira vez desde a infância, ou apenas coloque alguma música para tocar e dance. Talvez você prefira explorar o tai chi, ou participar de uma aula de ioga on-line. Talvez você se surpreenda descobrindo algo que absolutamente ama, como uma liga de kickball adulta, pole dance ou caminhadas urbanas. Como adulta, eu descobri o amor por vários tipos de artes marciais. Às vezes recarregar significa aprender a dar um soco ou cortar algo com uma espada. O movimento também pode nos ensinar a amar nossos corpos quando descobrimos que eles podem fazer coisas que não esperamos. Seja criativa e não se force a fazer algo que não gosta! Temer algo já é um sinal para tentar outra coisa (ou talvez fazer algo diferente a cada vez). Incorporar o movimento em nossa vida é um prazer por si só, mas também pode ajudá-la a se sentir mais aterrada em seu corpo, elevar seu humor e, no geral, melhorar seu senso de bem-estar total

Às vezes, seu fogo pode se apagar por causa de um revés emocional de algum tipo, que pode ou não ser acompanhado por circunstâncias externas de estresse. Um clima emocional pesado muitas vezes apaga o seu fogo interior, e isso precisa ser reconstruído, não apenas gerenciado. Quando seu fogo é apagado, não há apenas um componente emocional, mas muitas vezes um sentido de desconexão espiritual que também precisa ser abordado. Então, mesmo que o conselho anterior sobre limpeza, bênção e conexão com a terra ainda estiver valendo, quando você está lidando com uma situação emocional que está pesando sobre você, pode ser útil explorar outras abordagens.

Se a agitação emocional for grave, conectar-se com um terapeuta ou um amigo que irá ajudá-lo a resolver isso pode ser o primeiro passo. Mas se você está apenas se sentindo meio desanimada, ou se prefere fazer algo agora e falar sobre isso mais tarde, aqui estão algumas ideias:

Vá para Fora

O movimento em si já pode ter tirado você de casa, mas se isso ainda não aconteceu, encontre uma maneira de colocar as mãos na terra, sentir a brisa em sua pele e passar algum tempo sintonizada com a terra ao seu redor. Cultive um jardim, sente-se perto de uma fogueira ou de um riacho, caminhe no seu corredor verde local, faça uma caminhada ou apenas leve uma manta para um parque e desfrute de um longo descanso ao sol. Toda Bruxa pode se beneficiar da construção de um vínculo consciente com a terra em que vive, mas uma Bruxa de Touro em particular certamente encontrará apoio e consolo através de uma conexão com o mundo ao redor dela. Passar algum tempo ao ar livre – conhecer sua vida selvagem nativa, fazer amizade com as árvores e outras plantas, prestar atenção aos padrões climáticos locais e muito mais – irá ajudá-la a se sentir como se estivesse vivendo em uma comunidade (porque você está!), o que, por sua vez, irá mantê-la com os pés no chão e consciente do importante papel que você mesma desempenha na teia da vida. E esse sentimento de conexão pode ser muito crítico para nossa própria saúde mental, nosso senso de propósito, nossa empatia para com os outros e a bondade e compaixão que exibimos para nós mesmas e os outros.

Aprenda Algo Novo, Só Pelo Simples Fato de Aprender

Quando foi a última vez que aprendeu uma nova habilidade, não porque estava tentando economizar dinheiro, fazer uma renda extra ou alavancar sua carreira, mas simplesmente porque parecia divertido? As Bruxas pragmáticas de Touro podem hesitar em tentar algo sem uma agenda em mente (eu certamente faço), mas aprender algo novo por nenhuma outra razão além de parecer divertido e interessante pode trazer imensa alegria e reabastecer seu espírito. Seu lado prático apreciará ter uma nova habilidade ou experiência sem compromisso, e o resto de vocês se beneficiará com a empolgação, a novidade e o desafio de trabalhar sua mente (e talvez seu corpo) de uma nova maneira. Existe algo que você sempre quis fazer, mas disseram que não poderia? Ou algo que você não foi atrás porque não parecia fazer muito sentido? Talvez algo que tenha medo de não ser boa? Dê uma saída da rotina, abrace o espírito da diversão e vá fazer isso. Ganha pontos de bônus se você for ruim nisso! (Embora todas as habilidades precisem ser praticadas e tenham uma curva de aprendizado... é mesmo razoável esperar ser boa em tudo imediatamente?) Faça isso e sua vida será mais completa.

Ouça e Respeite os Limites do Seu Corpo

O poder da magia reside nos reinos espirituais, mas também é corporal. Seu próprio corpo é uma fonte de poder, uma maneira de se conectar ao Divino, com a Terra e potencialmente com muitas outras forças, dependendo do tipo de magia que pratica. Mas para muitos de nós, nosso relacionamento com nossos próprios corpos é marcado por traumas. Somos ensinadas a nos odiar se não parecermos de uma certa maneira, a trabalhar com dor, a negar a fome, a abominar o desejo e a ter nojo do sexo, da reprodução, do envelhecimento e da morte. Essa alienação em relação ao corpo causa todo tipo de problemas, e às vezes a chave para uma vida mais equilibrada, feliz e plena é sintonizar-se com suas próprias necessidades físicas. Isso pode significar priorizar sua saúde física para que você não mais se force a ir trabalhar quando está doente. Pode significar prestar atenção em como seu corpo responde ao que come e bebe e fazer as melhores escolhas para sua própria alimentação, apesar de qualquer dieta tóxica e da cultura de bem-estar dizer que é a única maneira de ser saudável. Pode significar ter prazer quando foi ensinada a sentir vergonha. Pode permitir-se dormir mais e parar de comparar descanso com preguiça.

Nossos corpos não são perfeitos, mas tendem a ter muito a nos dizer, e geralmente é benéfico ouvir. É preciso muita prática e às vezes tentativa e erro, mas vale a pena o esforço! Quando você está se sentindo esgotada ou precisa uma pausa, tente perguntar ao seu próprio corpo o que ele quer. Então, ouça-o!

Mantenha Seus Limites

Touro é famoso por demorar a se enfurecer. Às vezes, isso é resultado de paciência e praticidade, mas também pode ser porque simplesmente não queremos causar um potencial drama, ou acidentalmente nos tornarmos o centro das atenções por sermos muito vocais. Mas a exaustão e o esgotamento acontecem quando não protegemos nossos limites pessoais. Onde você está dizendo sim quando na verdade prefere dizer não? Você está assumindo muito por estar acostumada a ser a confiável do grupo? Primeiro perceber e depois manter um bom conjunto de limites pessoais e profissionais fará com que cada outra parte de sua vida seja mais fácil, incluindo descansar o suficiente e se reabastecer conforme necessário. Não é falta de educação recusar um convite, delegar trabalho entre sua equipe, falar quando precisa de uma pausa ou dizer a alguém que está desconfortável com algo. A maioria das pessoas não pretende cruzar seus limites, e aqueles que se preocupam com você irão respeitá-la quando indicar que o fizeram. E aqueles que não fazem isso? Bem, pelo menos você saberá onde estão e pode começar a priorizar a si mesma e fazer escolhas diferentes quando se trata de como interagir com eles.

Crie

Cozinhe. Faça arte. Escreva uma história. Comece seu canal no YouTube. Faça tudo aquilo que a deixa animada e adicione um pouco de beleza ao mundo diante de seus próprios olhos, vá em frente. Fazer algo puramente pela alegria de fazê-lo é uma ótima maneira para a Bruxa de Touro relaxar e se sentir energizada. O que importa é a experiência, não a qualidade do produto final, então não se preocupe com o quão boa você é ou não. Lembre-se, você não precisa compartilhar nada que não queira – isso é puramente sobre tirar um tempo para si mesma.

Faça um Orçamento

Aqui está outro aspecto que talvez não venha à mente quando se pensa em descanso e recarga, mas que também pode contribuir para uma vida mais equilibrada e gerenciável. A indulgência ocasional é algo maravilhoso, e ninguém entende isso melhor do que Touro. No entanto, seria imprudente e irresponsável da minha parte sugerir que você saia e compre algo chique e caro apenas para se sentir momentaneamente feliz e achar que está cuidando de si mesma. Se você é como a maioria de nós, provavelmente também não teria condições de fazer isso, pelo menos não em determinado momento! O estresse causado pela dívida rapidamente anulará os benefícios momentâneos de indulgências mais caras.

O dinheiro é um assunto intimidador para muitas pessoas, independentemente de sua situação financeira, e todos nós podemos nos beneficiar ao aprender mais sobre como gerenciar nossas finanças. Um bom ponto de partida é estabelecer um orçamento pessoal. Essas indulgências periódicas se tornam mais gerenciáveis quando são planejadas! Existem várias estratégias que pode aprender e experimentar até encontrar aquela que funciona melhor para você. Eu gosto de usar uma que os profissionais de finanças chamam de "sistema do envelope", no qual toda vez que recebo um contracheque, separo o dinheiro em várias categorias: hipoteca/aluguel, mantimentos, serviços públicos, manutenção do carro, cuidados com animais de estimação e assim por diante. Cada envelope de dinheiro físico representa uma categoria, ou você pode usar sua própria conta bancária (muitos bancos permitem essa separação de contas), e cada contracheque é dividido de acordo com uma porcentagem. Então, você paga suas despesas usando apenas o dinheiro disponível naquele envelope. O resultado final é que você economiza um pouco a cada vez, e é menos estressante quando as contas vencem ou você se depara com despesas imprevistas. Um dos meus envelopes é para indulgências! Separo uma pequena porcentagem de cada contracheque, o que me permite comprar algo chique de vez em quando sem acumular dívidas ao longo do tempo.

Muito do estresse que experimentamos na vida é financeiro, e é provável que nós, taurinas, tenhamos um gosto por certos luxos, como champanhe, por exemplo. Felizmente, também podemos ter talento para lidar com dinheiro. Você pode descobrir que realmente gosta disso também! Quanto mais aprender sobre suas finanças, menos assustador e estressante será gerenciá-las, e mais estáveis provavelmente se sentirá no dia a dia.

Banho Mágico da Terra

Por Dodie Graham McKay

Aproveite os aspectos decadentes, sensuais e venusianos do seu eu taurino, reservando um tempo para desfrutar de um banho infundido com os benefícios do elemento Terra. Ao combinar as propriedades do sal marinho, sal de Epsom e óleos essenciais deliciosos, você pode criar uma experiência de banho que é ao mesmo tempo luxuosa e terapêutica.

O Epsom não é realmente sal, é um mineral composto de magnésio e sulfato, conhecido por suas propriedades curativas, útil para aliviar dores de cabeça, estresse e músculos doloridos e cansados. Por outro lado, o bicarbonato de sódio é suavizante e calmante para a pele irritada. Ele desintoxica e suaviza a pele, promovendo a cicatrização e aumentando a circulação. O sal é usado em muitas práticas mágicas para limpar, purificar e proteger contra energia indesejada. Adicionar sal marinho ao seu banho oferece esses benefícios, além de trazer alívio para articulações rígidas e músculos, aliviando câibras.

Combinando este trio de ingredientes simples com o profundo aroma de floresta verde do cedro e o almiscarado e sexy patchouli, você cria uma maneira satisfatória e equilibrada de se reconectar com o chão abaixo de você e tratar seus sentidos. Simples de fazer, esses sais de banho também são um presente atencioso para qualquer pessoa com nervos em frangalhos ou corpos doloridos.

Você vai precisar de:

- ½ xícara de bicarbonato de sódio
- ½ xícara de sal marinho
- 1 pequeno cristal de quartzo (opcional)
- 1 pote de vidro de 1 litro com tampa
- 1½ xícaras de sal de Epsom
- 7 gotas de óleo essencial de cedro
- 7 gotas de óleo essencial de patchouli

Meça o sal de Epsom, o sal marinho e o bicarbonato de sódio e coloque dentro do seu pote. Coloque a tampa e agite bem o frasco para misturar os ingredientes.

Retire a tampa e adicione sete gotas de óleo de patchouli. Recoloque a tampa e agite o frasco para misturar bem o óleo. Repita este processo com o óleo de cedro.

Seus sais de banho de Terra agora estão prontos para uso. Se você quiser adicionar um toque a mais, jogue um cristal de quartzo-transparente no pote para energizar e amplificar as propriedades da sua mistura. Lembre-se apenas de que o cristal fica na jarra e não vai para a banheira!

Para desfrutar dos seus sais, prepare um bom banho morno. A agitação da água corrente tende a dissipar os óleos essenciais rapidamente, então espere até que sua banheira esteja cheia antes de adicionar seus sais. Polvilhe cerca de uma xícara da mistura na água do banho. Você pode querer adicionar um pouco mais se a sua banheira for grande, ou se você estiver com os músculos doloridos demais.

Relaxe e deixe-se mimar pela cura e pelas propriedades de aterramento deste luxuoso banho.

TOURO
TOURO
TOURO
TOURO
TOURO
TOURO

NÃO CULPE O SEU SIGNO SOLAR

Thorn Mooney

Meu interesse pela Astrologia começou no final da minha prática como Bruxa. Sou cética por natureza, extremamente pragmática e não tenho inclinação para apontar nada além de mim mesma quando se trata das escolhas que faço. Por muito tempo, a Astrologia me pareceu uma desculpa que as pessoas usavam para justificar seu mau comportamento ou para evitar assumir sua responsabilidade pessoal. Por exemplo, sempre que Mercúrio está retrógrado, as pessoas culpam suas falhas em concluir o trabalho a tempo ou enviar e-mails coerentes por causa de um planeta distante que não poderia ter qualquer relação com algo tão mundano quanto às habilidades de comunicação individuais de cada pessoa. Isso me parece um total absurdo. Eu também simplesmente não me sentia conectada a muitos dos estereótipos que pareciam combinar com meu signo solar. Metade dos memes sobre Astrologia que circulam on-line fazem Touro parecer obcecado por comida e preguiçoso. Eu não sentia que nada disso me representava de forma alguma. Não foi até anos mais tarde, depois de aprender mais com praticantes experientes que eu respeitava e experimentando a afinação astrológica em minha própria magia com grande sucesso, que eu percebi que muitas das coisas negativas e, às vezes, um tanto bobas que circulam são, geralmente, uma simplificação grosseira.

Como já deu para perceber – e talvez você já soubesse – a Astrologia não é uma visão de mundo fatalista na qual podemos culpar as estrelas e os planetas pelos nossos problemas, ou atribuir aspectos sobre nós mesmas que podemos não gostar. Também não é muito correto julgar cegamente outras pessoas só porque sabemos algo sobre seus mapas astrológicos. Os tipos de horóscopos que você lê nas revistas populares e as informações que circulam em forma de meme nas mídias sociais não são representativas de um complexo sistema que se desenvolveu ao longo dos séculos. Você é taurina, mas é muito mais do que isso. Além de tudo mais que está acontecendo em seu mapa astrológico, há também o impacto causado por sua experiência de vida, sua herança cultural, sua família, sua educação, todas as pessoas que já vieram e se foram da sua vida e muito, muito mais. Então, o que devemos fazer com todos esses estereótipos sobre Touro? Eles são verdadeiros? E se forem, como lidamos com isso?

Cada signo tem o que poderíamos chamar de "traços positivos e negativos", mas até mesmo aquilo que é considerado "positivo" e "negativo" é subjetivo. Por exemplo, a raiva muitas vezes é vista como algo negativo, mas funciona de maneira muito real para nos manter seguros, sinalizando que algo está nos machucando; uma ferramenta poderosa na luta contra a injustiça. Algumas das características negativas atribuídas a Touro, como propensão ao vício ou comer demais, estão enraizadas em estigmas culturais envolvendo saúde e "bem-estar" (que raramente são baseados em pesquisas médicas comprovadas), assim como qualquer coisa que possamos aprender estudando Astrologia. Quando vemos o vício como uma falha moral em vez de uma doença, e quando igualamos magreza à saúde e gordura à preguiça e indulgência, estamos reforçando uma retórica odiosa que privilegia alguns corpos e mentes em detrimento de outros. Existem alguns estereótipos que precisam ser descartados, para o bem de todos nós!

Perfeccionismo

Não vou mentir, isso é algo que me afeta profundamente. Lembro-me vividamente de quando recebi um B+ em um teste na escola e chorei a noite inteira, convencida de que tinha decepcionado meu professor favorito e que isso condenaria minha vida à mediocridade. Parecia uma grande questão para o meu cérebro infantil na época (ok, eu tinha uns vinte anos e estava na faculdade). Carreguei esse perfeccionismo até a vida adulta, o que me levou a comportamentos autodestrutivos mais tarde. Trabalho até tarde, assumo muitos projetos, luto para abrir mão do controle e me culpo severamente quando sinto que estraguei tudo. Provavelmente, você já passou por algo semelhante! Uma das coisas que mais me ajudaram foi ampliar minha perspectiva e perceber que, na verdade, todo mundo está ocupado com suas próprias coisas e não está focado em mim e em minhas imperfeições. Aquele professor que me deu um B+ simplesmente entregou suas notas finais para a administração naquele semestre e nunca mais pensou em mim (graças aos Deuses). Como indivíduos, somos importantes, mas nenhum de nós é o centro do Universo. O perfeccionismo é uma forma de vaidade (algo ao qual Touro também é propenso). Baseia-se na ideia de que somos melhores do que os outros e, como resultado, devemos manter padrões mais elevados. Se eu não repreendo outra pessoa por cometer um erro – e é claro que eu não faria isso – por que eu me repreenderia?

Raiva

Touro é conhecido por seu temperamento forte, embora geralmente seja difícil tirá-lo do sério. Não é apenas que Touro seja propenso à raiva – porque não estou convencida de que somos assim –, é mais como se estivéssemos propensos à intensidade, e isso também se aplica às nossas emoções. Às vezes, nossas emoções fortes se acumulam, e aquela famosa explosão taurina não é mais apenas raiva. Quando chegamos ao ponto de explodir, já estamos sentindo algo intenso por um longo tempo e estamos tentando reprimi-lo! A chave para mim foi prestar atenção aos meus sentimentos desde cedo. Se me encontro experimentando uma emoção forte, pergunto a mim mesma qual é a sensação e então tento descobrir o que está causando isso. Manter um diário é útil aqui, assim como a terapia convencional ou apenas conversar com um amigo que me conhece bem. Se você se tornar bom em decifrar seus sentimentos, identificando os gatilhos e o que pode estar por trás deles, pode evitar explosões e colapsos.

Materialismo

O materialismo é frequentemente enquadrado como simples ganância. Nós tendemos a achar que as pessoas que têm muito, ou que parecem colocar muito valor em coisas materiais, são egoístas, superficiais ou esbanjadoras. Como Bruxas, é importante reconhecer que grande parte dessa retórica está enraizada em uma história cultural específica, associada a certos tipos de cristianismo europeu e, mais tarde, os americanos e europeus foram fortemente influenciados por uma forma de religiosidade que valorizava o "espiritual" em detrimento do material. Essas tradições muitas vezes equiparavam a pobreza à santidade (daí os votos de pobreza feitos por alguns líderes religiosos) e argumentavam que Deus era totalmente transcendente, não podendo ser encontrado no mundo material. Quer estejamos conscientes disso ou não, grande parte da linguagem que envolve o "problema" do materialismo está enraizada nessa influência. Valorizar coisas bonitas e aspirar cercar-se de objetos que ama e são significativos para você não é, em si, uma coisa ruim. Quando isso se torna um problema, semelhante à raiva, a causa raiz geralmente é algo um pouco mais complexo. Distúrbios de acumulação, por exemplo, muitas vezes têm suas raízes em traumas e luto. A ansiedade em relação à posse pode ser resultado de crescer sem o suficiente. As pessoas que às vezes se apegam a objetos quando se sentem isoladas, estão em luto pela perda de um ente querido ou se sentem sobrecarregadas por algo fora de seu

controle. Objetos podem carregar um peso emocional, embora nem sempre tenhamos consciência disso. Então, quando você se encontrar lutando com o que possui, com seus gastos, com sua incapacidade de compartilhar ou de se livrar das coisas, vale a pena explorar as potenciais causas subjacentes.

Preguiça

Assim como a raiva, descobri que a preguiça costuma ser um sinal de outro problema, não uma falha pessoal. Eu costumava ensinar alunos do ensino médio, constantemente, ouvia outros adultos reclamarem de como os adolescentes são preguiçosos. Querida Bruxa de Touro, nenhuma das minhas crianças era preguiçosa. Ao longo de cada termo, invariavelmente descobri que quando elas não faziam o trabalho que eu queria que fizessem, o problema era quase sempre algo mais. Elas estavam sobrecarregadas, exaustas, totalmente entediadas com o material que era muito repressor ou muito avançado, preocupadas com questões em casa e com tanto medo de falhar que nem tentavam, ou então estavam confusas com o material e com vergonha de pedir ajuda. A depressão clínica, assim como alguns tipos de doenças crônicas, é frequentemente confundida com preguiça. Os chefes rotulam os funcionários de preguiçosos quando estes se recusam a trabalhar horas injustas ou a receber muito pouco. Atividades "preguiçosas" – como ler romances, descansar à beira da piscina ou dormir – muitas vezes são apenas atividades prazerosas que não geram lucro. No entanto, são momentos de descanso e relaxamento; são autocuidado. Então, você é preguiçosa ou está apenas aproveitando seu tempo livre? Você é preguiçosa ou está passando por um momento difícil e precisa de apoio? Você é preguiçosa ou está lutando em uma sociedade que estabelece padrões impossíveis? Porque eu aposto que algo mais está acontecendo; você não é de forma alguma preguiçosa.

Guardar Rancor

Eu posso guardar rancor muito bem. Consigo lembrar os nomes completos de todas as crianças que já foram más comigo na escola, assim como os detalhes intrincados de seus erros. Sempre que cumpro um prazo de redação, sussurro um pequeno "eu avisei" para o professor de Inglês que me disse na faculdade que eu não deveria estar no programa, porque não estava comprometida o suficiente (sério, quem diz isso para um aluno com dificuldades?). Gostaria de não reter os detalhes sangrentos de todos os erros cometidos contra mim, mas eu os guardo. E se os estereótipos forem verdadeiros, então muitos de vocês provavelmente estão aí comigo. Guardar rancor é algo que tive que trabalhar muito conscientemente para cultivar um sentimento de compaixão por outras pessoas, enquanto simultaneamente construía limites mais fortes para mim. Você não precisa perdoar alguém que o prejudicou nem permitir que ele retorne à sua vida, e não há problema em estabelecer um limite e recusar-se a deixar alguém intimidá-la. Ter compaixão não significa que você permita que o tratamento ruim continue, ou mesmo que deixe de sentir raiva. Significa apenas que não precisa carregar essa raiva consigo, de tal maneira, que o dano continue a machucar, mesmo depois do ocorrido. Você aprende a entender que a maioria das pessoas que intimidam ou são cruéis com os outros estão lutando com compaixão e empatia. Isso, porém, não desculpa as ações delas, apenas as torna menos pessoais. Hoje, quando as pessoas dispararam contra mim, geralmente consigo ver isso como um reflexo de seus próprios problemas, em vez de algo sobre mim.

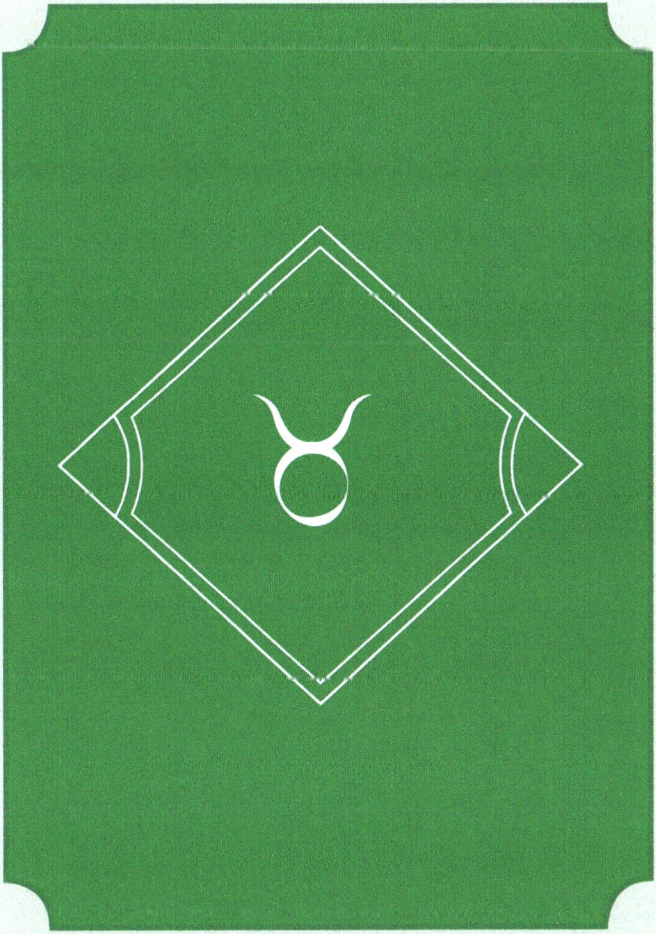

CARTÃO POSTAL DE UMA BRUXA DE TOURO

Cheryl Costa

Tornei-me uma Bruxa em 1976, enquanto estava na Marinha. Minha primeira percepção como nativa de Touro praticante de magia veio em 1986, apontada por minha primeira esposa. A ocasião foi uma discussão improvisada sobre o zodíaco e prática mágica em um grupo protocoven chamado Cover Stone Hill Circle. Minha esposa explicou aos nossos alunos que eu era uma taurina clássica, sempre trilhando meu próprio caminho na vida mundana, assim como na maneira como expressava minha prática mágica. Ela ainda apontou que eu era diligente em meu trabalho para o projeto de rituais, mas teimosamente prática em sua execução.

Ser uma Bruxa de Touro oferece várias vantagens quando se trata de praticar Bruxaria de forma eficaz. Como buscamos estabilidade, meditar por cinco minutos, três vezes ao dia, costuma nos ajudar a manter a mente calma e tranquila. Uma mente serena oferece um suporte sólido, é focada e estabelece uma comunicação visual não verbal com nosso eu mais jovem. Isso se torna uma prática mágica excelente.

A praticidade de Touro, quando aplicada à magia, significa que tendemos a evitar rituais grandes e complicados. Nós, taurinas, preferimos nos concentrar nas engrenagens básicas do trabalho mágico para executá-lo com eficiência. No entanto, às vezes esse impulso para ser prática pode ser problemático devido à nossa teimosia inerente.

Porque os taurinos tendem a evitar rituais grandes e esforços chamativos, muitos de nós preferimos uma abordagem suave e constante para alcançar objetivos difíceis. Existe um ditado antigo que diz que uma inundação não desgasta uma pedra, mas um rio sim, porque é constante e implacável.

É comum para uma Bruxa de Touro abordar metas desafiadoras com uma visão de planejamento de longo prazo. Em outras palavras, as taurinas não se desencorajam pelo fato de que alguns esforços mágicos podem demorar muito para se realizar. Nós simplesmente fazemos o que sempre fazemos: simplificamos os métodos e aplicamos com tenacidade prática e mágica por dias, semanas, meses ou até mesmo anos. Às vezes, para certos objetivos, nossa perseverança mágica pode durar décadas.

Ser uma nativa de Toura pode significar que, depois de colocarmos nossas mentes nisso, tendemos a cravar nossos calcanhares e arriscar tudo; eu chamo essa visão de "Profundo Pensamento Futuro". Esse tipo de mentalidade construiu as pirâmides e todos os grandes santuários e catedrais em todo o mundo. São esforços que levarão muitas gerações para serem construídos e concluídos. Essa é a perseverança manifestada pela mentalidade e pela liderança taurina!

TOURO
TOURO
TOURO
TOURO
TOURO
TOURO

RITUAL DE ORIENTAÇÃO DO ESPÍRITO DE TOURO

Ivo Dominguez, Jr.

Os signos são mais do que construtos úteis na Astrologia ou categorias para descrever temperamentos, eles também são entidades espirituais poderosas e complicadas. Então, o que queremos dizer quando falamos que um signo é um "espírito"? Eu frequentemente descrevo os signos do zodíaco como as doze formas da sabedoria humana e da loucura. Os signos são como doze estilos da consciência humana, o que também significa que eles são mentes grupais e egrégoras bem desenvolvidas. Pense na miríade de pessoas ao longo de milhares de anos que despejaram energia nas construções dos signos através da visualização intencional e dos estudos. Além disso, a experiência vivida por cada pessoa como um dos signos são depositadas nas mentes grupais e egrégoras dos signos delas; eles são animados. Todo taurino que já viveu ou está vivendo contribui para o espírito de Touro.

Signos têm natureza composta, o que lhes permite existir de muitas formas em múltiplos planos de realidade ao mesmo tempo. Além da contribuição humana para sua existência, os espíritos dos signos são feitos de contribuições de todos os seres vivos em nosso mundo, sejam eles feitos de matéria densa ou substâncias espirituais. Estas vastas e antigas formas de pensamento que se tornaram mentes grupais e então egrégoras, também são vasos que podem ser usados por seres divinos para se comunicarem com os humanos. Os espíritos dos signos podem se manifestar tão pequenos quanto uma fada ou maior que a Terra. A forma e a magnitude do espírito de Touro emergindo diante de você vai depender de quem você é e de como e por que você os invoca.

Finalidade e Uso

Este ritual permitirá que você comungue com o espírito de Touro. A forma que o espírito assumirá será diferente a cada vez que você realizar o ritual. O que vai aparecer será determinado por aquilo que estiver buscando e pelo seu estado de espírito ou de alma. O processo de preparação para o ritual também será benéfico para você. Alinhar-se com a fonte e o núcleo de sua energia é uma prática útil por si só. Explorar suas circunstâncias, motivações e intenções é uma experiência valiosa, esteja você realizando o ritual ou não.

Se você tiver um problema prático que está tentando resolver ou um obstáculo que precisa superar, o espírito de Touro pode oferecer conselhos úteis.

Se estiver tentando entender melhor quem você é e o que está buscando realizar, então o espírito de Touro pode ser seu mentor. Se precisar recarregar-se ou liberar energia obsoleta, você pode usar este ritual para se reconectar com uma forte corrente clara de poder que seja compatível com sua essência. Esta energia pode ser usada para magia de fortalecimento, vitalidade física ou cura, ou pode ser redirecionada para um trabalho mágico. Caso esteja carregando objetos ou implementos mágicos com energia de Touro, este ritual também pode ser usado para este fim.

Momento Certo para o Ritual

As condições astrológicas predominantes têm impacto sobre como você experimenta determinada prática, incluindo o tipo e a quantidade de energia disponível, bem como os resultados do trabalho. Se você decidir aprofundar seus estudos de Astrologia, encontrará muitas técnicas para escolher o melhor dia e hora para seus rituais. Felizmente, encontrar o espírito do seu signo não requer um horário exato ou condições astrológicas perfeitas. Este ritual depende da sua conexão interna com seu signo solar, por isso não depende tanto das condições celestiais externas quanto alguns outros métodos. Cada ser possui diversos mundos dentro de si mesmo que incluem paisagens e céus interiores. Seu mapa astral e o céu que ele retrata ardem mais brilhantemente dentro de você. Embora não seja necessário, você pode melhorar a eficácia deste ritual se usar qualquer uma das seguintes orientações para tempos favoráveis:

- Quando a Lua ou o Sol estiver em Touro
- Quando Vênus estiver em Touro
- Às sextas-feiras, dia de Vênus, e ainda melhor ao amanhecer, que é sua hora planetária
- Quando Vênus estiver em Peixes, onde ele é exaltado

Materiais e Montagem

A seguir está uma descrição dos objetos físicos que facilitarão a realização deste ritual. Não se preocupe se não tiver todos eles; pode improvisar, adereços não são obrigatórios. No entanto, os objetos físicos podem auxiliar a ancorar sua energia e foco mental.

Você vai precisar de:

- Uma cópia impressa do seu mapa astral
- Uma mesa para servir de altar

- Uma cadeira se quiser se sentar durante o ritual
- Um prato pequeno ou bandeja com pedrinhas ou terra para representar o elemento Terra.
- Uma variedade de itens para o altar que correspondam a Touro ou Vênus. Por exemplo, uma quartzo-rosa ou uma aventurina-verde, uma maçã ou um marmelo, uma rosa cor-de-rosa ou um cravo.
- Um bloco de papel e uma caneta ou giz. Um pequeno quadro-negro, ou qualquer outra coisa que possa usar para desenhar um glifo.

Antes de iniciar o ritual, considere copiar as invocações em um papel ou marcar este capítulo e trazer o livro para o espaço mágico. O processo de escrever a invocação, seja à mão, seja digitado, pode ajudar a estabelecer uma conexão mais profunda com as palavras e seu significado. Se possível, posicione a mesa do altar no centro do seu espaço ou o mais próximo possível do leste que conseguir.

Coloque o prato com pedrinhas no altar e a sua mão sobre ele. Disponha o seu mapa astral impresso ao lado das pedrinhas no altar e organize os itens escolhidos para ancorar a energia de Touro e de Vênus ao seu redor. Do lado oposto das pedrinhas, coloque o bloco e a caneta. Certifique-se de desligar o telefone, fechar as portas, as cortinas ou tomar outras medidas necessárias para evitar distrações.

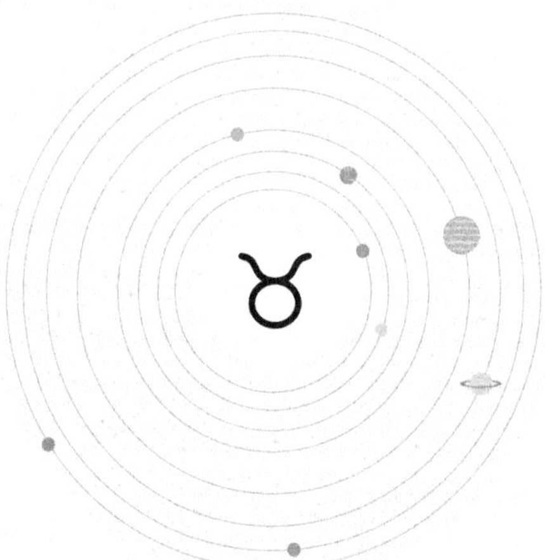

Ritual para Encontrar o Espírito do seu Signo
Você pode ficar em pé ou sentada – o que for mais confortável. Comece concentrando-se em sua respiração. Ao prestar atenção no processo respiratório, você se torna mais consciente do seu corpo, do fluxo de sua energia vital e do equilíbrio entre ações conscientes e inconscientes. Depois de praticar por cerca de um minuto, é hora de mudar para a respiração quádrupla, que consiste em quatro fases: inspirar, encher os pulmões, expirar e esvaziar os pulmões. Estabeleça que o tempo de cada uma das quatro fases tenha a mesma duração. Tente uma contagem de quatro ou cinco em seus primeiros esforços. Dependendo da capacidade dos seus pulmões e do quão rápido você conta, pode precisar ajustar o número para mais ou para menos. Quando você prender a respiração, segure-a com os músculos do abdômen, não com a garganta. Durante a respiração quádrupla, mantenha a garganta relaxada ao prender a respiração. Seja gentil e cuide melhor de si mesma, especialmente se tiver asma, pressão alta, estiver no final da gravidez ou em qualquer outra condição que possa afetar sua respiração e pressão arterial. Geralmente, as dificuldades surgem durante as fases de encher ou esvaziar os pulmões. Isso ocorre pela compressão excessiva dos pulmões ou a retenção do ar ao apertar a garganta. Os pulmões cheios e vazios devem ser mantidos pela

posição do diafragma, mantendo as vias aéreas abertas. Após um a três minutos de respiração quádrupla, você pode retornar ao seu padrão respiratório normal.

Agora, feche os olhos e leve sua consciência para o centro do seu peito. Continue o processo de aterramento e centralização, relaxando e abrindo-se, entrando no estado alfa ou em qualquer outro estado mental que você use para dar suporte ao trabalho ritual. Em seguida, mergulhe profundamente dentro de si mesma e visualize-se sentada em um jardim. Observe a beleza das plantas ao seu redor, suas folhas e flores. Sinta o ar fresco e um delicado aroma. Delicadamente, mexa na terra fértil com seus dedos, despertando todos os aspectos dentro de você que são de Touro. Quando estiver pronta, abra os olhos.

Construção Zodiacal

Se estiver sentada, levante-se, se puder, e fique de frente para o Leste. Leia lentamente esta invocação em voz alta, colocando alguma energia em suas palavras. À medida que prossegue, gire lentamente no sentido anti-horário até completar um círculo quando chegar à última linha. Como alternativa, você pode colocar sua mão sobre a cabeça e traçar um círculo do zodíaco com o dedo, também no sentido anti-horário.

Eu invoco os doze para se juntarem a mim neste rito.
Eu invoco Áries e o poder da coragem.
Eu invoco Touro e o poder da estabilidade.
Eu invoco Gêmeos e o poder da versatilidade.
Eu invoco Câncer e o poder de proteção.
Eu invoco Leão e o poder da vontade.
Eu invoco Virgem e o poder do discernimento.
Eu invoco Libra e o poder da harmonia.
Eu invoco Escorpião e o poder da renovação.
Eu invoco Sagitário e o poder da visão.
Eu invoco Capricórnio e o poder da responsabilidade.
Eu invoco Aquário e o poder da inovação.
Eu invoco Peixes e o poder da compaixão.
O poder dos doze está aqui.
Abençoado seja!

Respire fundo algumas vezes e olhe para o prato de pedrinhas. Fique atenta às mudanças na atmosfera ao seu redor e à presença dos doze signos.

Trabalho no Altar

Pegue o seu mapa astral impresso e o observe atentamente. Com seu dedo, toque cada uma das doze casas do mapa e infunda energia nelas. Você está energizando e despertando seu mapa astral para atuar como um ponto focal de poder no altar. Quando sentir que terminou, retorne o mapa ao altar. Em seguida, pegue o bloco de papel e a caneta e escreva o glifo para Touro várias vezes. Os glifos podem variar em tamanho e sobrepor-se uns aos outros – você pode criar qualquer padrão que desejar, contanto que concentre energia na tinta enquanto escreve. Escrever o glifo é uma ação que ajuda a atrair o interesse do espírito de Touro. Periodicamente, olhe para o prato com as pedrinhas enquanto continua a escrever o glifo. Se você começar a sentir sensações em seu corpo, como formigamento, calor, arrepios ou algo que associe à aproximação de um espírito, é hora de passar para a próxima etapa. Caso essas sensações sejam novas para você, apenas siga seu instinto. Quando sentir que é o momento adequado, guarde a caneta e o papel e pegue a folha com a invocação de Touro.

Invocando Touro

Antes de começar, pense no que espera realizar neste ritual e porque isso é importante para você. Então fale estas linhas lentamente e com convicção.

Touro, ouça-me, pois nasci num Mundo de Terra Fixa.
Touro, veja-me, pois o Sol de Touro brilha sobre mim.
Touro, reconheça-me como um membro de sua família e de seus negócios.
Touro, reconheça-me como sua aluna e sua protegida.
Touro, reconheça-me como um canal para o seu poder.
Touro, reconheça-me como portadora de sua magia.
Eu pertenço a você e você me pertence.
Eu pertenço a você e você me pertence.
Eu pertenço a você e você me pertence.
Touro está aqui, dentro e fora.
Abençoado seja!

Seus Pedidos

Agora, ao longo de várias respirações profundas, em silêncio ou em voz alta, dê as boas-vindas ao espírito de Touro. Escolha uma das pedras e segure-a em suas mãos. Feche os olhos e peça qualquer orientação que possa ser benéfica para você. Esteja aberta para ouvir. Este processo pode levar algum tempo, então tenha paciência. Receber orientação antes de fazer um pedido pode ser valioso, permitindo que você refine ou modifique suas intenções e resultados. Considere o significado de qualquer impressões ou orientações recebidas e reafirme suas intenções e resultados desejados para este ritual.

É mais eficaz usar vários modos de comunicação para fazer o seu pedido. Fale silenciosamente ou em voz alta as palavras que descrevem sua necessidade e como poderia ser resolvida. Visualize a mesma mensagem, mas sem as palavras, e projete as imagens em sua tela mental. Em seguida, coloque toda a sua atenção em seus sentimentos e nas sensações corporais que foram despertadas ao contemplar seu apelo ao espírito de Touro. Mais uma vez, espere e use todo o seu físico e sentidos psíquicos para perceber o que lhe é dado. Neste ponto do ritual, se houver objetos a serem energizados, toque-os ou foque seu olhar neles.

Ofereça Gratidão

Independentemente de estar certa ou não sobre o sucesso do ritual ou o prazo para os resultados se manifestarem, é sempre uma boa prática expressar gratidão pela presença do espírito de Touro e pelo seu próprio empenho no trabalho. Esse estado de espírito pode facilitar a manifestação do trabalho realizado e servir como um amortecedor contra quaisquer consequências não intencionais que possam surgir do ritual.

Lance o Ritual

Se possível, fique em pé e vire-se para o Leste. Gire lentamente no sentido horário até completar o círculo enquanto repete o seguinte texto, ou algo similar.

> *Retorne, retorne ó roda giratória*
> *para a sua casa estrelada*
> *Adeus, adeus, ó brilhante Touro,*
> *até nos falarmos novamente.*

Outra opção ao dizer essas palavras é colocar a mão sobre a cabeça e traçar uma linha no sentido horário do círculo do zodíaco com o dedo. Ao concluir, diga:

Está feito. Está feito. Está feito.

Em Seguida

Eu encorajo você a registrar seus pensamentos e observações que surgirem durante o ritual. Faça isso enquanto ainda está tudo fresco em sua mente, antes que os detalhes comecem a se dissipar. Essas informações se tornarão mais úteis ao longo do tempo, à medida que você trabalha mais com o espírito de Touro. Isso também vai permitir que você avalie os resultados de seus esforços e melhore seu processo em futuros trabalhos. Anotar ou registrar em um diário também será útil para ajustar quaisquer mudanças ou refinamentos neste ritual para uso futuro. Dependendo da orientação que receber ou dos resultados desejados, pode ser útil adicionar lembretes em seu calendário.

Mais Opções

Estas são algumas variações deste ritual que você pode querer tentar:

- Reúna ou adquira incensos do signo de Touro para queimar durante o ritual. Um óleo de Touro para ungir a vela é outra possibilidade. Estou fornecendo a seguir uma das minhas receitas de óleo como uma opção.

- Monte um altar mais rico e significativo. Além de adicionar mais objetos que ressoam com a energia de Touro ou de Vênus, consagre cada objeto antes do ritual. Você também pode querer colocar um tecido no altar em uma mesa que lembre Touro, Vênus ou o elemento Terra.
- Criar um sigilo para concentrar a essência do que você está trabalhando seria um bom complemento para o altar.
- Considere adicionar cânticos, entoando-os de forma livre, ou faça movimentos para aumentar a energia direcionada ao trabalho no altar e/ou para invocar Touro.
- Se sentir-se inspirada, escreva suas próprias invocações para convidar o zodíaco e/ou invocar Touro. Personalizar o ritual desta forma pode aprofundar sua conexão com os signos e tornar o ritual mais pessoal.

TOURO
TOURO
TOURO
TOURO
TOURO
TOURO

RECEITA DE ÓLEO DE UNÇÃO DE TOURO

* * *

Ivo Dominguez, Jr.

Este óleo é destinado a energizar e consagrar velas, cristais e outros objetos utilizados em sua prática. Ele facilita a imbuir um instrumento com a energia de Touro e prepara-os para canalizar sua vontade e poder como uma Bruxa de Touro. No entanto, evite aplicá-lo na pele sem realizar um teste alérgico prévio.

Ingredientes:

- Óleo carreador – 2 colheres de sopa (30 ml)
- Patchuli – 5 gotas
- Rosa – 6 gotas
- Nardo – 4 gotas
- Ylang-ylang – 4 gotas
- Cravo – 3 gotas

Instruções:
Despeje 30 ml de óleo carreador em uma pequena garrafa ou frasco. Os óleos carreadores preferidos são o óleo de amêndoa ou o óleo de coco fracionado, embora outros também possam ser utilizados. Idealmente, óleos essenciais são os mais recomendados, mas óleos perfumados podem ser substitutos viáveis. Adicione as gotas dos óleos essenciais no óleo carreador e tampe bem o frasco, agitando-o várias vezes. Segure o frasco entre suas mãos, respire fundo e despeje energia no óleo. Visualize a energia verde e o glifo de Touro. Repita a palavra "Touro" e aumente a energia da maneira que desejar. Continue até que o óleo fique quente e pareça brilhar, ou até quando sentir que ele está energizado.

Rotule o frasco e armazene o óleo em um local fresco e escuro. Considere manter um pouco de cada lote anterior de óleo para adicionar ao que foi feito recentemente. Isso ajuda a fortalecer a continuidade da energia e das intenções colocadas no óleo. Com o tempo, essa conexão torna seus óleos mais poderosos.

MELHOR A CADA DIA: O CAMINHO A SEGUIR

Thorn Mooney

A energia de Touro é constante, contínua e confiável. Um passo de cada vez, sempre avançando. Touro sabe que a velocidade não é onde reside a força e raramente é um poder vistoso e óbvio. Como uma Bruxa de Touro, você tem o benefício da paciência e uma compreensão inata de que a magia é sobre relacionamentos – com seu corpo, sua comunidade e o mundo ao seu redor. Ela se manifesta de pequenas maneiras todos os dias, muitas vezes de maneiras que parecem mundanas para quem está de fora. Um jardim florido, uma refeição compartilhada com os entes queridos, uma festa dançante de tirar o fôlego, uma ligação especial com um animal de estimação ou uma noite aconchegante gasta escrevendo um diário ou criando arte são todos potenciais locais de magia e oportunidades para tecer sua magia no mundo. Sua tarefa daqui para frente é perceber essas oportunidades, aproveitar seu poder conscientemente e construir algo profundamente significativo e eficaz para si mesma.

Paciência

Isso é especialmente difícil para muitas Bruxas iniciantes e afeta profundamente muitas de nós quando estamos embarcando em uma nova fase em nossas práticas mágicas. Nós, taurinas, geralmente não gostamos de nos apressar, porém, mesmo que seja difícil para nós esperarmos, isso acontece quando sentimos que estamos prestes a descobrir algo grande ou dar o próximo passo em nossa magia É tentador nos jogarmos completamente em pesquisas, negligenciando outras partes de nossa vida em favor do extraordinário, comprometendo-nos demais com projetos mágicos ou até mesmo passando rápido demais do "eu não sei" para "eu sou uma especialista". Mas não estamos em uma corrida e não há prêmio no final. Na verdade, muitas vezes nem perceberemos quão longe chegamos, a menos que estejamos muito conscientes em manter registros e praticar a autorreflexão. Lentamente, você vai começar a ficar mais confiante, procurar menos orientação de outras pessoas e perceber que já possui muitas de suas próprias respostas. Bruxaria não é algo onde você pode correr, nem pode ser facilmente medida quando estamos tentando perspicazmente julgá-la. Proficiência e sabedoria acontecem com o tempo e com a prática. Não é sobre o quão rápido ou o quanto você conseguiu ler, de quantos grupos você faz parte ou quantas pessoas seguem você nas redes sociais. Acumular conhecimento e poder leva tempo, e você nunca, nunca vai parar. Uma abordagem paciente garantirá que você evite a sobrecarga e o esgotamento e irá mantê-la avançando de forma constante.

Quietude

O mundo parece sempre nos querer na ponta dos pés. Somos bombardeadas por um fluxo constante de mídia, nossas listas de afazeres são mais longas do que qualquer um poderia esperar gerenciar, todas nós trabalhamos esmagadoramente mais do que deveríamos e ainda lidamos com doenças, injustiças sociais, um clima político global frequentemente instável e muito mais. Apenas estar viva pode ser desgastante, há muito pouco que nos encoraja a fazer uma pausa, respirar, avaliar e ir devagar, tomando passos cuidadosos em vez de correr. Portanto, além da paciência, cultive a capacidade de se aquietar. Aprenda a ficar sozinha com seus próprios pensamentos e em silêncio. A taurina já é naturalmente inclinada à estabilidade e lentidão, então você pode usar essa tendência natural para encontrar descanso em tempos e lugares frenéticos. Todos os dias, reserve um tempo para se concentrar apenas em sua respiração. Você pode optar por criar uma prática de meditação ou reservar um tempo para escrever em um diário. Dedique um tempo para observar as pessoas. Escute atentamente quando os outros falarem, em vez de ficar planejando o que vai dizer quando for sua vez. Faça uma pausa antes de reagir e recuse-se a ser apressada o quanto puder. A magia muitas vezes requer uma maior capacidade de observação do que habilidades. Como você notará os sinais se não estiver olhando? Como ouvirá mensagens de outros mundos se não souber como ouvir? Como construirá relacionamentos se não estiver prestando atenção nas outras pessoas? Um dos maiores poderes da Bruxa é a sua capacidade de quietude, desenvolver isso agora irá ajudá-la em todas as outras esferas mágicas e espirituais.

Foco

Seja você uma novata na magia ou alguém que já está nisso há algum tempo, mas está apenas tentando mudar as coisas, é mais eficaz adicionar técnicas ou práticas ao seu ofício gradualmente. Se você tentar revisar toda a sua vida de uma só vez, é provável que acabe se sentindo sobrecarregada. Em vez disso, aprenda a se concentrar em uma coisa de cada vez. Escolha uma atividade para começar e faça-a por um período de tempo designado antes de adicionar outra. Talvez seja uma rotina de meditação, ou o reconhecimento das fases da Lua por meio de rituais, ou aprender um método de adivinhação, ou, ainda, construir um relacionamento com uma divindade ou espírito em especial. Se você é novata na Astrologia, pode começar aprendendo sobre o seu signo solar e, em seguida, passar para a sua Lua, os signos ascendentes, o significado dos planetas e somente então ler todo o seu mapa astral; toda a sua prática de magia será construída em etapas. Permita que isso aconteça! Enfatizar sua tendência para a estabilidade será verdadeiramente benéfico ao desenvolver algo que fale exclusivamente para você, pois cada camada que adicionar vai se entrelaçar com todas as outras em algo durável. Focar apenas em uma coisa de cada vez garantirá a compreensão. Isso não significa que você precisa ser uma mestra antes de adicionar algo a mais; significa apenas que você descobriu o básico e se sente confiante em empregá-lo de maneira significativa para a sua prática.

Independência

A taurina ama as pessoas próximas a ela e é uma grande líder comunitária. À medida que avança, ela certamente obterá muitos benefícios interagindo com outras Bruxas. Se você é uma nativa de Touro, faça amizades on-line, participe de eventos e incentive seus amigos mais próximos a participar de seus interesses mágicos para compartilhar sua magia com os outros. Há um grande mundo lá fora, e se envolver é emocionante e divertido! No entanto, compartilhar não significa que deva jogar seu poder fora ou permitir que outros tenham influência indevida sobre você. O amor taurino pelas outras pessoas e a relutância em criar confusão às vezes podem nos tornar propensas a sacrificar demais nossa independência. Na era das mídias sociais, é fácil ser pega no que é popular, enredada em drama, ou apenas ouvindo quem fala mais alto. A comunidade de Bruxas não é realmente uma comunidade única – são muitas comunidades menores agrupadas juntas, todas com diferentes valores, tradições, jargões, tabus e muito mais. Lembre-se de que a única pessoa que você pode controlar é a si mesma. Você é responsável por sua própria magia.

As práticas de outras pessoas não são da nossa conta. A menos que estejamos nos manifestando contra uma injustiça ou defendendo alguém que foi injustiçado, o melhor curso de ação geralmente é nos concentrarmos em nosso próprio desenvolvimento, em vez de ficarmos muito presas ao que os outros estão fazendo. Sejamos solidárias, gentis e respeitosas, precisamos nos lembrar de que ser Bruxa é tomar posse do nosso próprio poder. Não precisamos compartilhar nada nas mídias sociais que não desejamos. Não precisamos aceitar o conselho de todos que nos oferecem. Muito menos seguir a multidão, ou adotar uma técnica ou perspectiva apenas porque parecem ser mantidas pela maioria. Pense nisso, conforme você se desenvolve, tome como hábito verificar regularmente consigo mesma, dar a si mesma o espaço para contemplar novas ideias sozinhas e fazer da sua própria Bruxaria uma prioridade.

Flexibilidade

Uma das melhores coisas que você pode fazer por si mesma é se lembrar constantemente de que a Bruxaria é uma busca ao longo da vida, e que sua prática mudará conforme você envelhece, conforme aprende mais, conforme suas perspectivas se desenvolvem e suas prioridades mudam. Isso é apenas a verdade! A chave para crescer em sua prática ao longo das décadas é aprender a ser flexível e se permitir mudar conforme o resto de sua vida muda. Às vezes a vida será suave e você se sentirá energizada e capaz de dedicar muito tempo a práticas mais elaboradas ou comprometidas: longos rituais, reuniões regulares com parceiros mágicos, participação na comunidade local, fazer muitas pesquisas e leitura. Outras vezes, suas circunstâncias não permitirão tudo isso. Você descobrirá que precisa de períodos de descanso. O trabalho a deixará ocupada, um membro da família ou você ficará doente, voltará à escola ou terá que se mudar para uma nova cidade, ou uma pandemia global sequestrará literalmente os planos de todos por anos a fio. Tempos virão em que você simplesmente não terá energia para fazer tudo. Isso é normal! Quando isso acontecer, volte-se para as pequenas coisas: cumprimente a Lua sempre que a vir no céu, acenda uma vela antes de adormecer e diga uma afirmação para dormir profundamente, ore a uma divindade que gosta ou com quem já trabalha, acenda uma vela por cinco minutos cada manhã e apenas sente-se em silêncio meditativo. Encontre pequenas coisas e lembre-se de que elas também têm valor. A taurina, mais do que qualquer outra pessoa, sabe o valor da estabilidade, e isso se aplicará às suas práticas mágicas. A vida vai passar, mas você permanecerá forte e enraizada construindo uma prática que é consistente, não importa o quão grande ou pequena seja em qualquer fase.

"Prática diária" é um lema que usamos, mas não é o alvo que você deve mirar quando está começando algo novo, quer isso signifique explorar a Astrologia, aprender uma nova técnica mágica ou praticar Bruxaria pela primeira vez. Pense assim: se você fosse iniciar uma rotina de exercícios e nunca fez isso antes, quão eficaz seria se responsabilizar a ir a uma academia literalmente todos os dias? Você não faria isso! Qualquer instrutor de fitness diria que você tem que ir devagar;

a maioria das pessoas que se esforçam muito rápido se machucam e não voltam nunca mais. Bruxaria não é academia, sabemos, mas esta lição ainda é válida. Se exagerar, é provável que encontre mais obstáculos, fique sobrecarregada, lute com a decepção e não se recupere tão rapidamente quando tiver contratempos. Quando nosso objetivo é diário e nunca fizemos algo antes, geralmente estamos nos preparando para falhar. A chave para melhorar a cada dia não é fazer algo diariamente, é fazer algo regularmente! Quando você estiver escolhendo coisas para adicionar à sua prática ou para explorar pela primeira vez, estabeleça metas razoáveis para si mesma e depois as desenvolva quando as tiver alcançado. Pode fazer alguma coisa uma vez por semana? Ou três vezes por semana? Comece onde parece razoável para você. Não precisa fazer todos os dias! Faça isso e seu caminho mágico não vai parecer com o caminho de outras pessoas.

CONCLUSÃO

Ivo Dominguez, Jr.

Espero que você esteja aproveitando o que descobriu neste livro em sua magia. Você pode ter o desejo de aprender mais sobre como a Astrologia e a Bruxaria se encaixam. Uma das melhores maneiras de fazer isso é falar sobre o assunto com outras praticantes. Procure por discussões on-line e, se houver uma loja esotérica local, verifique se eles oferecem aulas ou grupos de discussão. Se não encontrar o que precisa, considere criar um grupo de estudos. Aprender mais sobre seu próprio mapa astral também é um excelente próximo passo. Alguns recursos para estudo estão listados no final deste livro.

Em algum momento, você pode querer recorrer aos serviços de um astrólogo para obter uma leitura personalizada do seu mapa astral. Existem serviços que fornecem não apenas os mapas, mas leituras completas que são geradas por softwares. Essas ferramentas são aceitáveis e mais econômicas do que um astrólogo profissional, mas faltam-lhes a sutileza e a intuição que só uma pessoa pode oferecer. Isso, porém, pode ser um bom ponto de partida. Se decidir contratar um astrólogo para fazer seu mapa, pesquise até encontrar alguém sintonizado com suas necessidades espirituais. Você pode decidir aprender Astrologia o suficiente para ler seu próprio mapa, e isso será bom por muitos motivos. No entanto, pelas mesmas razões que os leitores de Tarô procuram outra pessoa para uma leitura, isso também se aplica aos leitores astrológicos. É difícil ver algumas coisas quando se está muito apegada aos resultados.

Se você descobrir que seu interesse pela Astrologia, assim como o modo como ela influencia a conexão das pessoas com a Bruxaria, foi estimulado por este livro, é provável que aprecie também os outros livros desta série. Além disso, se estiver trabalhando com outras Bruxas, vai descobrir que saber mais sobre como elas abordam seu ofício tornará seus esforços coletivos mais produtivos. Entendê-las melhor também ajudará a reduzir os conflitos ou mal-entendidos. O final deste livro é na verdade o início da aventura.

APÊNDICE

CORRESPONDÊNCIAS DE TOURO

20/21 de Abril - 20/21 de Maio

Símbolo: ♉

Sistema Solar: Terra, Vênus

Estação: primavera

Dia: sexta-feira

Hora do dia: meia-noite

Runas: Ing, Ur

Elemento: Terra

Cores: azul (claro), verde, malva, laranja, rosa, vermelho, amarelo (claro)

Energia: Yin

Chacras: Básico, Cardíaco, Laríngeo

Número: 2 e 5

Tarô: Imperatriz, Hierofante, Ouros

Árvores: macieira, cedro, cerejeira, cipreste, espinheiro, tília, magnólia, salgueiro

Erva e Jardim: amora/amora-preta, margarida, dente-de-leão, urze, hibisco, madressilva, lilás, lírio-do-vale, levístico, artemísia, framboesa, rosa, sálvia, tomilho, violeta

Plantas Diversas: bardana, cardamomo, potentilla, tussilagem, mandrágora, patchouli, baunilha

Pedras Preciosas e Minerais: ágata (árvore), cornalina, crisocola, crisoprásio, diamante, esmeralda, iolita, jade, jaspe (vermelha), kunzita, lápis-lazúli, malaquita, ágata musgo, opala, pirita, rodolita, quartzo-rosa, rubi, safira, selenita, topázio, turmalina (azul), tsavorita, turquesa, zircônia

Metais: latão, cobre

Do Mar: coral (vermelho)

Deusas: Afrodite, Asherah, Astarte, Bast, Flora, Frigg, Gaia, Hathor, Ishtar, Isis, Lakshmi, Maia, Vênus

Deuses: Baal, Baco, Cernunnos, Dionísio, Hórus, Indra, Júpiter, Krishna, Marduk, Mitras, Osíris, Poseidon, Ptah, Zeus

Anjo: Auriel

Animais: castor, gado (touro, boi), cabra, tigre (branco)

Aves: pomba, pintarroxo

Problemas, Intenções e Poderes: afeto, conforto, dedicação/devoção, determinação, resistência, aterramento, o lar, intuição, ciúme, vida (vitalidade), amor, luxúria, magia (sexo), a mente (lógica), dinheiro, ordem/organizar, paixão, paciência, prazer, proteção, segurança, os sentidos, sensualidade, sexualidade, estabilidade, força, riqueza

TOURO

FONTES

On-line

Astrodienst: Mapas astrais gratuitos e muitos recursos.

- https://www.astro.com/horoscope

Astrolabe: Mapas astrais gratuitos e recursos na área de software.

- https://alabe.com

The Astrology Podcast: Um podcast semanal apresentado pelo astrólogo profissional Chris Brennan.

- https://theastrologypodcast.com

Revista

A revista de astrologia mais reconhecida do mundo (disponível nos formatos impresso e digital).

- https://mountainastrologer.com

Livros

- *Practical Astrology for Witches and Pagans*, de Ivo Dominguez, Jr.

- *Parkers' Astrology: The Definitive Guide to Using Astrology in Every Aspect of Your Life*, de Julia e Derek Parker
- *The Inner Sky: How to Make Wiser Choices for a More Fulfilling Life*, de Steven Forrest
- *Predictive Astrology: Tools to Forecast Your Life and Create Your Brightest Future*, de Bernadette Brady
- *Chart Interpretation Handbook: Guidelines for Understanding the Essentials of the Birth Chart*, de Stephen Arroyo

COLABORADORES

Nossos agradecimentos e estima a todos os nossos autores convidados que contribuíram com sua própria energia especial de Touro para este projeto.

Khi Armand

Khi Armand é um xamã iniciado-espiritual americano contemporâneo com iniciações adicionais no Vodu Haitiano e na Quimbanda Brasileira. Ele é o autor de *Deliverance: Hoodoo Spells of Uncrossing & Protection* e *Clearing Spaces: Inspirational Techniques to Heal Your Home*. Khi reside em uma antiga terra seca no Organismo Terra.

Cheryl Costa

Cheryl (Lady Tashi) Costa foi criada como Católica Romana e se tornou uma Bruxa Solitária em 1976, enquanto estava na Marinha. Na década de 1980, ela foi iniciada na Wicca Alexandrina e posteriormente iniciada em várias Tradições ecléticas. Na meia-idade, ela tirou um ano sabático, tornando-se uma monástica budista ordenada por sete anos.

Selena Fox

Selena Fox é fundadora da tradição Circle Craft e Alta Sacerdotisa do Circle Sanctuary, um centro de Espiritualidade da Natureza que atende Wiccanos, Druidas, Gentios e outros Pagãos em todo o mundo desde 1974. Ela é conselheira espiritual, ritualista, podcaster, escritora, cantora de cânticos, diretora do Green Cemetery, ambientalista e ativista dos direitos civis Pagãos. Encontre-a on-line em circlesanctuary.org, www.facebook.com/SelenaFox. Atualizações no Twitter, Instagram e YouTube

Dawn Aurora Hunt

Dawn Aurora Hunt é proprietária da Cucina Aurora Kitchen Witchery e autora de *A Kitchen Witch's Guide to Love & Romance* e *Kitchen Witchcraft for Beginners*. Embora não tenha nascido sob o signo de Touro, ela combina conhecimento de metas espirituais e ingredientes mágicos para criar receitas para todos os signos solares nesta série. Ela é de Escorpião. Encontre-a em: www.CucinaAurora.com

Sandra Kynes

Sandra Kynes (Midcoast Maine) é autora de dezenove livros, incluindo *Mixing Essential Oils for Magic, Magical Symbols* e *Alphabets, Crystal Magic, Plant Magic* e *Sea Magic*. Conteúdos extraídos de seu livro, *Llewellyn's Complete Book of Correspondences*, tem sido usado ao longo desta série. Ela é de Escorpião.
Encontre-a em: http://www.kynes.net.

Dodie Graham McKay

Dodie Graham McKay (Treaty One Territory, Winnipeg, Canadá) é uma Bruxa iniciada e cineasta independente. Desde a década de 1980, ela está envolvida com magia, música e outras formas de mídia. Dodie é a fundadora da Moongazey Films, Inc., e é a autora de *Earth Magic: The Elements of Witchcraft*.

Christopher Orapello

Christopher Orapello é um artista e Bruxo que vive no sul de Nova Jersey. Ele coapresenta o podcast *Down at the Crossroads* com sua parceira, Tara-Love Maguire, é um artista consagrado da Sacred Source e é um orgulhoso autor da Red Wheel/Weiser Books. Orapello também é um Touro duplo com ascendente em Escorpião e teima em dizer que não é um indivíduo teimoso.

Christopher Penczak

Christopher Penczak é um Bruxo moderno que trabalha na Tradição e na comunidade do Templo da Bruxaria que ele ajudou a fundar. Sua prática se concentra no cruzamento entre o Amor, a Vontade e a Sabedoria como um ethos para a Bruxa de hoje. Ele é o autor de muitos livros, incluindo a premiada série *Temple of Witchcraft*.

Para mais informações: www.christopherpenczak.com.

TOURO
TOURO
TOURO
TOURO
TOURO
TOURO

Notas

Notas

Notas

TOURO
TOURO
TOURO
OURO
TOURO
TOURO
TOURO

Esta edição foi composta pela Ardane Books, São Paulo, SP. Os papéis utilizados foram o off set, gramatura 90 para o miolo e cartão triplex para a capa. O texto principal foi composto em fonte Adobe Jenson Pro 11 e entrelinhamento 15 e os títulos em Tekno ICG 14 e entrelinhamento 16. Impresso no Brasil.